Dietrich Jäger-Metzger

Im Dialog - Das Leben erwartet uns

Dietrich Jäger-Metzger

Im Dialog - Das Leben erwartet uns

Predigten, Liedpredigten Bibliolog-Vorlagen

Fromm Verlag

Impressum / Imprint
Bibliografische Information der Deutschen Nationalbibliothek: Die Deutsche Nationalbibliothek verzeichnet diese Publikation in der Deutschen Nationalbibliografie; detaillierte bibliografische Daten sind im Internet über http://dnb.d-nb.de abrufbar.

Bibliographic information published by the Deutsche Nationalbibliothek: The Deutsche Nationalbibliothek lists this publication in the Deutsche Nationalbibliografie; detailed bibliographic data are available in the Internet at http://dnb.d-nb.de.

Verlag / Publisher:
Fromm Verlag
ist ein Imprint der / is a trademark of
OmniScriptum GmbH & Co. KG
Heinrich-Böcking-Str. 6-8, 66121 Saarbrücken, Deutschland / Germany
Email: info@frommverlag.de

Herstellung: siehe letzte Seite /
Printed at: see last page
ISBN: 978-3-8416-0547-4

Inhaltsverzeichnis

[1] Reformiertes Gesangbuch Schweiz
[2] Evangelisches Gesangbuch Deutschland

Bibliolog

Vorwort

Auch wenn ich als Pfarrer im Gottesdienst immer wieder allein auf der Kanzel stehe, ist Predigen für mich doch nie ein monologisch einseitiger Vorgang. Schon in der Vorbereitung einer Predigt sehe ich konkrete Menschen vor mir, die vielleicht den Gottesdienst besuchen werden. Ich trete ein in einen Dialog zuerst einmal mit dem Predigttext, dann aber auch mit den Themen, die sich für mich aus dem Text ergeben, die etwas zu tun haben mit meiner Lebenswelt und den Menschen in meiner Gemeinde. Während der Predigt nehme ich wahr, wie die Menschen reagieren. Manchmal füge dann spontan etwas hinzu oder lasse etwas weg. Deshalb ist es immer nur eine Seite, den Text einer Predigt zu lesen. Die konkrete Situation, in die hinein eine Predigt gesprochen wird, gehört dazu. Das ist immer zu bedenken, wenn ich eine fremde Predigt lese, ohne diesen Kontext zu kennen. Dennoch kann die Lektüre einer Predigt dazu anregen, sie in die eigene Situation hinein zu lesen und als Textdokument zu würdigen.

Im zweiten Teil dieses Bandes lege ich einige Liedpredigten vor. Die Beschäftigung mit einem Lied ist eine andere Form des Dialoges, bei dem nicht nur der Liedtext, seine Melodie und sein Hintergrund in den Blick kommen, sondern auch die Gemeinde als im Gesang Beteiligte.

Ganz im Zentrum steht der Dialog im dritten Teil des Buches beim Bibliolog, einer neueren Form der kreativen Umsetzung eines Bibeltextes mit der Gemeinde, bei dem sie ganz ausdrücklich zu Wort kommt. Dieser Teil beginnt mit einer kurzen allgemeinen Einführung in die Praxis des Bibliologes.

Immer ist bei der Predigt neben dem Text (oder dem Lied) und mir selbst als Prediger die Gemeinde im Blick, konkrete Menschen, die

Micha belehrt die Menschen nicht, er setzt das Wissen, an das er anknüpft bereits voraus. Die Thora, die Weisung Gottes, ist bekannt. Er muss nur daran erinnern. Das aber scheint nötig zu sein.
In den Versen vor unserem Text steht eine Anklage: Micha hält den Menschen ihre Untreue zu Gott vor. Sie dankten es Gott nicht, dass er sie einst aus Ägypten befreite. Soziale Ungerechtigkeit und Gottlosigkeit hatten sich ausgebreitet.
Micha belässt es aber nicht dabei, die Menschen daran zu erinnern, dass sie eigentlich Bescheid wissen, er erinnert sie auch daran, was der Inhalt ihres Glaubens, ihres Gottesverständnisses ist, was es braucht, um ein gutes Leben zu führen:
Nicht grossartige Opfergaben, die fast schon übertrieben geschildert werden vom Brandopfer von „viel tausend Widdern" über die „ewigen Ströme von Öl" bis hin zur „Opferung des eigenen Kindes" – Micha führt die Opferpraxis seiner Zeit damit ad absurdum – nein, nicht grosse Opfergaben, sondern: Gottes Wort halten und Liebe üben und demütig gehen mit deinem Gott. That's it. Das ist es. Nicht mehr und nicht weniger.

Drei Stichworte, denen ich gerne etwas nachhören möchte:
Das erste: Gottes Wort halten.
Im Hebräischen steht hier: „Recht tun." Das Recht durchsetzen war in Israel die vornehmste Aufgabe des Königs. Das bedeutete nicht nur im engeren Sinn, sich an bestimmte Gesetze zu halten, sondern im Besonderen das Eintreten und die Herstellung des Rechtes auch für die Schwachen und Benachteiligten, wie Micha an anderen Stellen seines Buches ausführt.
Das zweite: Liebe üben.
Diakonie als Liebesdienst ist im jüdisch-christlichen Zusammenhang einer der ethischen Grundsätze. Anderen und sich selbst gegenüber liebevoll, barmherzig sein – ein zwar altes, aber wie ich

finde, wunderbares Wort – heisst, auszusteigen aus dem Kreislauf von gut – besser – am besten, wie es die Werbeslogans am Anfang pointiert dargestellt haben. Gerade gegenüber dem, was immer wieder an mich herangetragen wird – besser geht immer / immer besser oder alles super – sich selber und anderen liebevoll und barmherzig zu begegnen im Wissen darum, dass ich nicht perfekt bin, dass ich Vergebung brauche, dass „gut" nicht heisst, alles immer richtig zu machen.

Und schliesslich das dritte: demütig gehen mit deinem Gott.

Demut – ein Wort, das wir heute auch nicht mehr in unserem Sprachgebrauch haben. Demütig heisst hier so viel wie „behutsam", „einsichtig". Mein Leben mit Gott gehen. Da ist Gott immer schon mitgedacht, mit dabei, nicht nur am Sonntag im Gottesdienst oder am Abend beim Abendgebet, sondern im Alltag mit all seinen schönen und schweren Wendungen und unerwarteten Herausforderungen.

Demut heisst nicht Niedergeschlagenheit oder Unterwürfigkeit, sondern Achtsamkeit, Behutsamkeit im Umgang mit sich selber und anderen.

Achtsam und behutsam immer wieder fragen, wo mein Leben hingehen soll, immer wieder fragen, wo Gott vorkommt in meinem Leben.

„Ich glaube an Gott!"

Dieser Aussage konnten nur wenige Jugendliche in der schon erwähnten Befragung so einfach zustimmen. Als ich zurückfragte, warum, meinten sie:

Weil ich das einfach nicht wissen kann, ob es Gott gibt.

Demütig, achtsam sein Leben mit Gott zu gehen, heisst auch nicht, letztes Wissen zu haben darüber, ob es einen Gott ausserhalb von uns gibt, aber es heisst, achtsam dafür zu sein, ob Gott sich

ereignet, da wo Menschen in seinem Namen zusammenkommen, da, wo Liebe und Barmherzigkeit das Zusammenleben bestimmen, da wo Recht und Gerechtigkeit für alle gelten, auch für die sozial Schwachen und Benachteiligten.
Das sagt sich hier in der Predigt noch recht leicht. Wenn sie dann vor der Tür stehen, die Benachteiligten, die Schwachen, dann muss sich meine christliche Ethik, die Micha so knapp und so treffend formuliert hat, als tragfähig erweisen.
Aber ich darf das in der Hoffnung auf Vergebung in aller Brüchigkeit und Unvollständigkeit meines eigenen Lebens.
Wenn der Versuch immer wieder scheitert, aus eigenen Stücken ein besserer Mensch zu werden und das gute Leben zu finden, dann bleibt die Zusage in Micha 7,18: „Er wird sich unser wieder erbarmen, unsere Schuld unter die Füsse treten und alle unsere Sünden in die Tiefen des Meeres werfen."
Und dann dürfen wir getrost am Ende eines Lebens sagen, dass es ein gutes Leben war.

Amen

Das Leben erwartet uns – Oster-Predigt über Johannes 20,11-18

„Im Licht der Ostersonne bekommen die Geheimnisse der Erde ein anderes Licht."[5]

Dieser Satz des deutschen Theologen Friedrich von Bodelschwingh führt uns ans offene Grab Jesu, das grosse Mysterion, das schon viele versucht haben zu erklären, das noch mehr nicht verstanden haben, nie verstehen werden, das auch für mich und vermutlich für viele von uns ein Rätsel bleiben wird, das wir nur im Glauben, nur in der erlebten Wirkung nachsprechen können.

Im Licht der Ostersonne bekommen die Geheimnisse der Erde ein anderes Licht.

Nicht Ostern bezeichnet Bodelschwingh als Geheimnis, nein: Ostern wird zum Ereignis, das die Geheimnisse der Erde in ein neues Licht setzt. Ostern wird in seiner Wirkung sichtbar, nicht als historisch nachvollziehbare Tatsache.

Ich möchte heute mit verschiedenen Auferstehungsgeschichten und Texten etwas von dieser verändernden Wirkung von Ostern erzählen, ganz verschiedene Texte, die uns die Wirkung der Auferstehungsbotschaft näher bringen, auch wenn wir sie nie ganz erfassen können.

Eine erste Geschichte ist – vielleicht – die älteste Geschichte der Bibel, und sie ist eigentlich das Gegenteil von einer Auferstehungsgeschichte. Sie alle kennen Sie: Es ist die Begegnung des ersten Menschen Adam mit seinem Schöpfer-Gott, nachdem er vom verbotenen Baum gegessen hatte. Gott ist unterwegs im Garten

---

[5] Gefunden bei http://www.sound-planet.de/ostern/zitate-ostern.htm

Eden wie ein Gärtner. Und er ruft, er ruft Adam – mit strenger Miene.
Der Name Adam wird laut gerufen. Adam weiss, dass er seine Kompetenz überschritten hat, dass er sein wollte wie Gott, und er schämt sich – zum ersten Mal, er ist vom Thron gestürzt, indem er ihn endgültig besteigen wollte.
„Adam" – so ruft Gott, „du bist verantwortlich für das, was du tust. Du bist gefallen. Und du musst die Konsequenz tragen."
Eine erste „Anti-Auferstehungsgeschichte".

Und wieder begegnen wir einem Gärtner. Und wieder ruft der Gärtner einen Namen. Aber die Umstände sind ganz andere: Der Name der *Frau*, der gerufen wird, wird zärtlich, liebevoll ausgesprochen. Der Ruf führt nicht in die Scham, in die Strafe, sondern in die Erkenntnis, ins Glück, ein wenig zurück ins Paradies. Wir hören von dem Gärtner und der Frau im Oster-Predigttext bei Johannes 20,11-18[6]:
11 Maria aber stand draussen vor dem Grab und weinte. Während sie nun weinte, beugte sie sich in das Grab hinein.
12 Und sie sieht zwei Engel sitzen in weissen Gewändern, einen zu Häupten und einen zu Füssen, dort, wo der Leib Jesu gelegen hatte.
13 Und sie sagen zu ihr: „Frau, was weinst du?" Sie sagt zu ihnen: „Sie haben meinen Herrn weggenommen, und ich weiss nicht, wo sie ihn hingelegt haben."
14 Das sagte sie und wandte sich um, und sie sieht Jesus dastehen, weiss aber nicht, dass es Jesus ist.
15 Jesus sagt zu ihr: „Frau, was weinst du? Wen suchst du?" Da sie meint, es sei der Gärtner, sagt sie zu ihm: „Herr, wenn du ihn

[6] Zitiert nach Zürcher Bibel, 2007.

weggetragen hast, sag mir, wo du ihn hingelegt hast, und ich will ihn holen."
16 Jesus sagt zu ihr: „Maria!" Da wendet sie sich um und sagt auf Hebräisch zu ihm: „Rabbuni!" Das heisst „mein Meister".
17 Jesus sagt zu ihr: „Fass mich nicht an! Denn noch bin ich nicht hinaufgegangen zum Vater. Geh aber zu meinen Brüdern und sag ihnen: Ich gehe hinauf zu meinem Vater und zu eurem Vater, zu meinem Gott und zu eurem Gott."
18 Maria aus Magdala geht und sagt zu den Jüngern: „Ich habe den Herrn gesehen," und berichtet ihnen, was er ihr gesagt hat.

Gebeugt, in tiefer Verzweiflung steht Maria – die Vertraute von Jesus - am Ostermorgen vor dem Grab. Mit Jesus ist nicht nur ein geliebter Mensch von ihr und ihren Freunden gegangen. Mit Jesus ist auch eine Idee gestorben, ein Mensch, der „für Etwas" stand, der ihr und den Menschen neue Hoffnung und Zuversicht gegeben hatte.
Gebeugt steht Maria vor dem Grab und sieht hinunter. Und dann wendet sie sich zum ersten Mal um und sieht – den Gärtner, noch erkennt sie ihn nicht.
Er ruft sie bei ihrem Namen – und noch einmal wendet sie sich um. Zwei Schritte braucht sie, die Perspektive zu ändern, dann ist Maria, beim Namen gerufen, bereit, eine neue Wirklichkeit zu sehen. Und Maria ist nicht mehr die Gebeugte, die Verzweifelte. Sie kann nach dieser Begegnung aufrecht zu den Jüngern gehen und ihnen erzählen, was ihr widerfahren ist, wie sie aufgerichtet wurde, wie ihr ein Stück des Himmels, des Paradieses begegnet ist.

Zwei Geschichten, zwei Perspektiven, die sich komplett zu widersprechen scheinen: Hier der strenge Gärtner Gott, der den Mann Adam zur Rechenschaft zieht, von ihm Verantwortung fordert, ihn

von seinem selbst gewählten Thron stösst, da der zärtliche Gärtner Jesus, der die Frau Maria aus ihrer Trauer aufrichtet, ihr ein Stück vom Himmel öffnet.
Und vielleicht sind es gar nicht zwei sich widersprechende Perspektiven, sondern nur zwei Seiten von Erfahrungen, die wir Menschen immer wieder machen: Die Erfahrung, dass Macht, dass Sein-Wollen wie Gott keine Möglichkeit ist, Verantwortung wahrzunehmen, und die Erfahrung, dass Ohnmacht, dass Verzweiflung zu Gott führen können, Dimensionen eröffnen können, die der Macht unbekannt und fremd sind.

Damit komme ich zu einem weiteren Ostertext, einem Gedicht von Kurt Marti:

Das könnte den Herren der Welt ja so passen,[7]
wenn erst nach dem Tode Gerechtigkeit käme;
erst dann die Herrschaft der Herren,
erst dann die Knechtschaft der Knechte
vergessen wäre für immer.

Das könnte den Herren der Welt ja so passen,
wenn hier auf der Erde stets alles so bliebe;
wenn hier die Herrschaft der Herren,
wenn hier die Knechtschaft der Knechte
so weiterginge wie immer.

Doch ist der Befreier vom Tod auferstanden,
ist schon auferstanden und ruft uns jetzt alle
zur Auferstehung auf Erden,
zum Aufstand gegen die Herren,
die mit dem Tod uns regieren.

---

[7] Zitiert nach Reformiertes Gesangbuch der Schweiz, Nr. 487.

Auch eine Auferstehungsgeschichte, eine ganz deutliche, aber vielleicht auch eine, die noch wenig konkret ist. Wer sind die Herren, die mit dem Tod uns regieren? Würden wir es wagen, hier Namen einzusetzen – ausser vielleicht die Namen von globalen Firmen, die bei ihren Milliarden-Gewinnen gleichzeitig Stellen abbauen und Menschen in Entwicklungsländern zu unmenschlichen Arbeitsbedingungen arbeiten lassen? Auf sie mit dem Finger zu zeigen ist sicher richtig und wichtig, aber auch ziemlich einfach. Wer sind die Herren?
Auferstehung auf Erden, das heisst hier und jetzt für Recht und Gerechtigkeit einstehen, da mag jede und jeder seine eigenen Geschichten einsetzen.
In der Begegnung der Maria mit Jesus, der so gar nicht mehr irdisch ist, eröffnet sich eine neue Dimension. Viele Namen mögen wir dafür finden: Glück, Befreiung, Verklärung, Heilung, Umkehr, Liebe, Lebensfülle...
Maria begegnet einer Zwischenwelt, in der eine Verbindung zwischen Gott und Mensch möglich ist, eine Verbindung, die mit der Vertreibung aus dem Paradies – so beschreibt es der Mythos, zerbrochen war.
Wir alle, so ist zu hoffen, begegnen in unserem Leben auch immer wieder dieser Zwischenwelt, die so viel Kraft und Lebenssinn geben kann und die sich für uns Christinnen und Christen in dem Bild von der Auferstehung Christi symbolisiert: Im Gebet, in der Musik, in der Liebe zwischen Menschen, in der Meditation, in einer schönen Begegnung im Alltag. Dafür offen zu werden und offen zu sein, dazu kann uns die Osterbotschaft führen.

Ich komme zu einem letzten Text: einem Gedicht von Luzia Sutter Rehmann, in dem viele der schon genannten Gedanken auf seine Weise aufgenommen sind:

Wir sind auf der Suche[8]
nach der Kraft,
die uns aus den Häusern,
aus den zu engen Schuhen
und aus den Gräbern treibt.

Aufstehen und
mich dem Leben in die Arme werfen –
nicht erst am jüngsten Tag,
nicht erst, wenn es nichts mehr kostet
und niemandem mehr weh tut.

Sich ausstrecken nach allem.
was noch aussteht,
und nicht nur nach dem Zugebilligten.
Uns erwartet das Leben.
Wann, wenn nicht jetzt?

Amen

---

[8] Quelle: http://www.helmut-theodor-rohner.eu/pdf/spiritualitaet/Suche.pdf

Seid besonnen und nüchtern – Predigt über 1 Petrus 4,7-11

Auch wenn das Wetter nicht ganz so mitgespielt hat: Wir hatten schöne Ferien mit der Familie, konnten uns erholen vom Stress des Alltags, frische Luft, doch auch ein wenig Sonne, Freiheit und Ungebundenheit tanken. Und wir hatten viel Zeit zum miteinander Reden, Gespräche führen, die sonst oft zu kurz kommen. So manches Thema kam dabei zur Sprache. Ein Freund, der als Sicherheitsexperte in der Schweiz arbeitet, stellte dabei einmal eine Frage an mich und eine katholische Pfarrkollegin:
„Habt Ihr eigentlich ein Katastrophendispositiv in Euren Kirchengemeinden, also einen Plan, was Ihr machen wollt, wenn das Ebola-Virus bei Euch auftritt, z.B. bei einem Kirchengemeinde-Lager oder innerhalb des Betriebes oder so?"
Die Frage überraschte mich, hatte ich doch zu diesem Zeitpunkt noch kaum etwas über die Ebola-Gefahr gehört. Er berichtete dann weiter, dass dies beim Staat selbstverständlich ein wichtiges Thema sei, könne man doch noch gar nicht abschätzen, welche Auswirkungen das Ebola-Virus bei uns haben würde.
Und er erzählte, wie es auch für andere mögliche Katastrophen bis hin zum atomaren Super-Gau oder einem kompletten internationalen Versagen der Stromversorgung, Erdbeben und so weiter, Katastrophenszenarien gibt, die weitgehende Voraussagen darüber machen, was in solchen Fällen passieren wird, welche möglichen Folgen solche Katastrophen hätten und wie darauf zu reagieren sei. Mir wurde bald schwindlig von den möglichen Zukunftsszenarien, die sich mir da auftaten. Eine der schlimmsten Folgen sei, dass die Menschen nicht mehr zur Arbeit gehen würden, weil sie in einer solchen katastrophalen Situation lieber bei ihren Familien blieben, also

auch kein Sicherheitsdienst, keine Polizei, kein Militär mehr funktionieren würde.
Man kann sich leicht ausmalen, was die weiteren Konsequenzen wären: Anarchie könnte sich breit machen, Solidarität und gegenseitige Unterstützung könnten wegbrechen, ein Bürgerkrieg mit dem Recht des Stärkeren wäre kaum aufzuhalten, usw. Auch wenn mir solche Überlegungen wahnsinnig und auch ein wenig absurd vorkommen: In den verantwortlichen Gremien in den gehobenen Verwaltungs- und Regierungsetagen sind das gängige, konkrete und aktuelle Szenarien, auf die wir uns einstellen müssten, wenn eine wirklich schwere Katastrophe einträte.
Ich erinnerte mich während dieses Gespräches auch an die Zeit vor der letzten Jahrtausendwende, als es alle möglichen Voraussagen über das Ende der Welt, den Zusammenbruch des Computerwesens, Fehlfunktionen von Waffensystemen usw. gab.
Es hat wohl für uns Menschen auch etwas Faszinierendes, wie auch Unheimliches und Bedrohliches, über ein Ende der Zeiten nachzudenken.
So auch zur Zeit Jesu, als die sogenannte Apokalyptik hoch im Kurs stand, die Annahme, dass das Ende der Welt nahegekommen sei, dass das Ende der römischen Herrschaft durch ein göttliches Eingreifen, ein Endgericht – das auch jüngstes Gericht genannt wurde – in Bälde zu erwarten sei.
Aber nicht alle reagierten mit Panik auf die Möglichkeit des Weltendes. Im 1. Petrusbrief, der vermutlich vom Jünger Petrus in den 60er Jahren des 1. Jahrhunderts an Gemeinden in Kleinasien geschrieben wurde, die auf vielfache Weise in Bedrängnis waren, weil sie sich als Christen absetzten von gängigen Kulten und die religiöse Verehrung des römischen Kaisers ablehnten, lesen wir

(1Petrus 4,7-11[9]):

7 Das Ende aller Dinge ist nahe. So seid besonnen und nüchtern, widmet euch dem Gebet!

8 Haltet vor allem an der Liebe zueinander fest, ohne nachzulassen! Denn die Liebe deckt die Fülle der Sünden zu.

9 Seid gastfreundlich, ohne zu murren.

10 Dient einander - ein jeder mit der Gabe, die er empfangen hat - als gute Haushalter der vielfältigen Gnade Gottes.

11 Wenn einer spricht, dann Worte Gottes; wenn einer dient, dann aus der Kraft, die Gott ihm schenkt, damit in allen Dingen Gott verherrlicht werde durch Jesus Christus; ihm sei die Herrlichkeit und die Herrschaft in alle Ewigkeit, Amen.

Das ist auch ein Szenario des Endes der Welt: *Das Ende aller Dinge ist nahe. So seid besonnen und nüchtern, widmet euch dem Gebet! Haltet vor allem an der Liebe zueinander fest. Seid gastfreundlich. Dient einander.*

Keine Anarchie, kein Bürgerkrieg, keine Entsolidarisierung, sondern das Gegenteil: Die Erwartung des nahen Endes als Motivation zu einer besonderen christlichen Ethik. Keine Panikmache, keine Katastrophen-Bilder, die Entsetzen auslösen. Schlicht und einfach: *Seid besonnen und nüchtern.*

Ja, die Situation ist heute an vielen Stellen dieser Welt beängstigend: Im Irak, in Syrien oder in afrikanischen Ländern ist es wieder die Verfolgung von religiösen Minderheiten durch Terror, es regieren Hass und Gewalt, in Israel ist die Versöhnung zwischen den Gruppen im Land immer noch in weiter Ferne, in der Ukraine gehen bedrohliche Dinge vor sich. Die Liste liesse sich fortsetzen.

---

[9] Zitiert nach Zürcher Bibel, 2007.

Was macht das mit uns? Was macht das mit mir, diese schrecklichen Dinge jeden Tag ohnmächtig, vielleicht wütend, in jedem Fall traurig mitverfolgen zu müssen? Macht das Angst? Ja, auf jeden Fall! Lässt es mich kalt? Sicher nicht – aber was weiter? Geht mich das etwas an? Ja, aber...? Kann ich denn etwas tun? Können wir als Gemeinschaft, als Land etwas tun? Was?

Seid besonnen und nüchtern.

Haltet besonders an der Liebe zueinander fest.

Seid gastfreundlich.

Dient einander.

Wie wohltuend, wie schlicht, was Petrus den Christen in Kleinasien schreibt – sicher in einer Situation, die nicht wirklich vergleichbar ist mit der unsrigen. Sicher eine Perspektive, die eine andere Dimension hatte in der Antike, als nicht täglich Nachrichten aus der ganzen Welt in die Stuben der Menschen fluteten. Aber vielleicht auch doch nicht so anders, war doch Kleinasien Teil des römischen Reiches, das für die Menschen damals die bekannte Welt darstellte. In dieser – ihrer – Welt waren sie direkt bedroht.

Da liegt sicher ein wesentlicher Unterschied zu uns heute, die wir uns oft so weit weg wähnen von den Krisenherden unserer Zeit. Allerdings kommen die schnell näher, wenn wir hören, wie die Flüchtlingszahlen auch bei uns nach oben schnellen... *Seid gastfreundlich ohne zu murren...*

Ohnmacht, Wut, Distanz – Gefühle, die sich bei mir verbinden mit den Nachrichten aus dieser Welt. Wie kann ich reagieren, wie kann ich damit umgehen? Petrus beendet den Text, der unser Predigttext ist, mit einem wichtigen Hinweis, der mich tröstet und mir Kraft geben kann. Er schreibt:

Dient einander, ein jeder mit der Gabe, die er empfangen hat – als gute Haushalter der vielfältigen Gnade Gottes. Wenn einer spricht, dann Worte Gottes; wenn einer dient, dann aus der Kraft, die Gott ihm schenkt…

In der Theologie reden wir von der „Charismen-Lehre“, der Lehre von den Gnadengaben, d.h. den Begabungen, die Menschen von Gott erhalten, auf die sich Petrus hier bezieht. Wir kennen sie vor allem von Paulus, der die verschiedenen Gaben, die die Menschen in der Gemeinde haben, sehr viel detaillierter beschreibt: Die Gabe zu lehren, die Gabe zu predigen, die Gabe zu Dienen… Wir leiten daraus die verschiedenen Ämter in der Kirche ab: Lehre, Verkündigung, Diakonie.

Wenn Petrus an dieser Stelle, als er über das Ende der Zeit spricht, das nahe gekommen sein soll, in einer Zeit, als die Christen in Kleinasien in Bedrängnis waren, ja schon handfest verfolgt werden, wenn Petrus an dieser Stelle von den Begabungen spricht, die die Menschen haben, und die sie im Sinne Gottes einsetzen sollen, dann hat das für mich vor allem etwas Tröstliches.

Es könnte allerdings auch – das ist die Ambivalenz der Lehre von den Gaben Gottes – als Mahnung verstanden werden: Du musst die Gaben, die du hast, einsetzen, sonst verfehlst Du Dein Lebensziel.

Hier im Petrusbrief verstehe ich den Bezug auf die Gaben, die Begabungen, weniger im Sinn der Forderung nach Leistung, sondern viel mehr im Sinne der Beschränkung auf das Nötige und Sinnvolle. Die Situation der Welt kann uns völlig überfordern, uns entmachten, uns ohnmächtig machen. Mit Petrus möchte ich für mich lernen: Tu das, was Du kannst, was Dir gegeben ist. Verlange nicht mehr von Dir, als möglich ist.

Verlange von anderen nicht mehr, als sie leisten können, aber ermutige sie dazu und sei selber mutig, das zu tun, was Dir möglich ist.

Was das in unserer Welt zu tun hat mit Besonnenheit und Nüchternheit, mit Gebet und gegenseitiger Liebe, mit Gastfreundschaft

und gegenseitigem Dienen, das mag jede und jeder für sich selbst und für sein eigenes Leben herausfinden.
Katastrophenszenarien mögen nötig und sinnvoll sein für die Verantwortlichen von Regierungen, für Militärs und Polizei, wir wissen aber auch, wie schnell sie kommerzialisiert werden können, wenn wir nur an die Panik denken, die die Schweinegrippe vor einigen Jahren ausgelöst hat, und daran, wie viele Millionen (oder Milliarden?) einige Firmen daran verdient haben, ohne dass sie wirklich helfen konnten.
Trost, Ermutigung und Hilfestellung für meinen Alltag erfahre ich aus dem Glauben, wie er mir im heutigen Predigttext entgegenkommt, der mich zur Besonnenheit aufruft:
Das Ende aller Dinge ist nahe. So seid besonnen und nüchtern, widmet euch dem Gebet! Haltet vor allem an der Liebe zueinander fest, ohne nachzulassen! Denn die Liebe deckt die Fülle der Sünden zu. Seid gastfreundlich, ohne zu murren. Dient einander - ein jeder mit der Gabe, die er empfangen hat - als gute Haushalter der vielfältigen Gnade Gottes. Wenn einer spricht, dann Worte Gottes; wenn einer dient, dann aus der Kraft, die Gott ihm schenkt, damit in allen Dingen Gott verherrlicht werde durch Jesus Christus; ihm sei die Herrlichkeit und die Herrschaft in alle Ewigkeit,

Amen.

Fromme Absichtslosigkeit - Predigt über Matthäus 6,1-4

Da stehen und sitzen sie: Eine grosse Menschenmenge, die sich versammelt hat auf dem Hügel beim See Genezareth, zum Teil sind sie von weit her gekommen, um ihn zu sehen, Jesus, den Wanderprediger, der sich einen Namen gemacht hat, weil er kein Blatt vor den Mund nimmt, weil er sagt, was andere sich nicht trauen, weil er den Konflikt mit der jüdischen und der römischen Obrigkeit nicht scheut. Jesus aus Nazareth, dem kleinen Fischerdorf am See, Sohn einer Handwerkerfamilie, von der Herkunft her gar nichts Besonderes, aber von der Wirkung her ein leuchtendes Vorbild, das anderen Menschen Kraft und Mut gibt, in ihrem oft tristen Alltag nicht aufzugeben, neue Hoffnung zu gewinnen, zuversichtlich das Tagwerk anzupacken.

Sie stehen und sitzen und hören zu, staunen über die Kraft der Worte, die diesem faszinierenden Mann entströmen, staunen über den Mut und die Frechheit, die er besitzt, und staunen über die Tiefe und Spiritualität, die er ausstrahlt.

Jesus, der Prediger, dem der Evangelist Matthäus die berühmte Bergpredigt in den Mund gelegt hat. Dass viele Menschen versammelt sind, wenn dieser Mann auftritt, wenn er seine speziellen Ansichten verkündet und mit seiner Begeisterung die Menschen ansteckt, das anzunehmen haben wir gute Gründe.

In Matthäus 6,1-4 lesen wir:

1 Seht zu, dass ihr eure Gerechtigkeit nicht vor den Leuten dartut, um von ihnen gesehen zu werden, sonst könnt ihr keinen Lohn erwarten von eurem Vater im Himmel.

2 Wenn du nun Almosen gibst, so posaune es nicht aus, wie die Heuchler es machen in den Synagogen und auf den Strassen, um von den Leuten gepriesen zu werden. Amen, ich sage euch: Sie

haben ihren Lohn schon bezogen.
3 Wenn du aber Almosen gibst, lass deine Linke nicht wissen, was die Rechte tut,
4 damit dein Almosen im Verborgenen bleibt. Und dein Vater, der ins Verborgene sieht, wird es dir vergelten.

Tue Gutes – und rede davon. Eine Haltung, die heute Hochkonjunktur hat. Welche Veranstaltung, welcher Event wäre heute überhaupt noch möglich ohne eine Liste von Sponsoren, die vielleicht sogar mit der Summe, die sie gegeben haben, namentlich genannt werden. Auch manche kirchliche Veranstaltung fände nicht statt ohne ein erfolgreiches Fundraising, was mittlerweile ein Feld für ausgebildete Profis ist. Ich erinnere mich an eine gesamt-schweizerische Weiterbildungsveranstaltung für Kirchenchor-Vorstände, die ich mit vorbereitet habe, bei der eines der Hauptreferate genau darum ging: Wie kann ich erfolgreich Sponsoren für ein Konzert des Kirchenchores finden. In der Schweiz noch nicht so verbreitet, in anderen Ländern an der Tagesordnung: Spendenbarometer, die in aller Öffentlichkeit anzeigen, wie viel bereits für eine Neuanschaffung oder ein Bauprojekt in einer Kirchengemeinde gespendet wurde, grössere Beiträge werden gerne auch namentlich erwähnt. So steigt die Chance, dass Geldgeber gefunden werden.
Tue Gutes – und rede davon.
Ausserhalb des kirchlichen Rahmens erreicht diese Haltung noch ganz andere Dimensionen. Ohne Zweifel bringen die Spendengelder der Glückskette oder anderer nationaler Sammelaktionen vielen Menschen Linderung in Not, noch viel mehr aber ohne Zweifel bringen Fernsehsendungen wie „Jeder Rappen zählt“ den Fernsehgesellschaften Einschaltquoten.
Ich denke, es ist nicht übertrieben, hier von Instrumentalisierung des menschlichen Leides zu sprechen, das vordergründig gemildert

werden soll, so sehr ich die Betroffenheit von Menschen bei uns über das Leid und die Not anderer Menschen respektiere.
Almosen geben, das ist heute vielfach zum Event geworden. In einer Gesellschaft, in der Glanz und Glamour die Menschen bewegen, in der Fernsehshows und Live-Acts immer verrücktere und absurdere Formen annehmen bis hin zu Erscheinungen wie der Jugendkirche ICF (Young christian fellowship), in der auch der Gottesdienst zum reinen Event verkommt, in einer solchen Gesellschaft wird auch das Almosen-Geben instrumentalisiert als Event, der fernsehtauglich und nur noch öffentlichkeitswirksam von Interesse ist.
Überhaupt würde heute niemand mehr von „Almosen" reden. Das Wort selbst hat einen faden Beigeschmack bekommen. Ein modernes Internetlexikon definiert „Almosen" als einen (Zitat) „Lohn, den man als nicht ausreichend empfindet, oder ein wertloses Geschenk, das die Würde des Empfängers verletzt." Dabei ist der Ursprung der Almosen ein ganz ehrenhafter, der auch durch das Umfeld des Bibeltextes erhellt wird: Wir finden neben dem Text über das Almosen-Geben noch zwei weitere ganz ähnlich aufgebaute Texte über das Beten und das Fasten: Almosengeben, Beten und Fasten – das waren die drei wichtigsten Ausdrucksformen jüdischer und frühchristlicher Frömmigkeit.
Wir kennen alle drei Formen auch im Islam, wo sie drei der sogenannten fünf Säulen islamischer Frömmigkeit bilden.
Hilfe für die Armen war eine Selbstverständlichkeit, von der auch Jesus selbstverständlich ausgeht. Er fragt nicht, ob oder wieviel Almosen gegeben werden soll. Das ist nach dem Gesetz in der hebräischen Bibel völlig klar – und nebenbei gesagt weit mehr, als jedes moderne Steuer- oder Sozialsystem den Bedürftigen je zur Verfügung gestellt hätte. Almosengeben, das ist nichts Anrüchiges,

das ist nichts Peinliches, sondern schlicht eine Selbstverständlichkeit.

Aber um was geht es Jesus dann? Und was hat das noch mit uns zu tun? Mit unserer Zeit – in der das gesetzlich geregelte Sozialwesen längst die alten Formen der Armenversorgung abgelöst hat, in der die Fürsorge für alle Menschen staatliche Aufgabe ist, die ich mit meinen Steuern und Abgaben mitfinanziere, die meiner eigenen persönlichen Verantwortung entzogen ist?

Um was geht es Jesus? Meinen Versuch einer Antwort möchte ich überschreiben mit „Fromme Absichtslosigkeit“:

Wenn Sie nachher nach Hause gehen, werden Sie völlig selbstverständlich etwas in den Kollektenkorb werfen. Niemand wird fragen, ob diese Spende von der Steuer abziehbar ist, ob es dafür eine Spendenbescheinigung gibt, oder ob der Beitrag auf der Homepage der Kirchengemeinde als Sponsorengeld für ein Projekt in der Mission erwähnt wird.

Hat sich in der Praxis der Kollekte nach dem Gottesdient etwas erhalten von der „frommen Absichtslosigkeit“, die Jesus als die angemessene Haltung des Almosen-Gebens erachtet? Beachtlich und erstaunlich ist die Tatsache, dass in den letzten Jahren bei sinkender Gottesdienstzahl und ständigem Rückgang der Gottesdienstbesucherzahlen das jährliche Kollektenaufkommen insgesamt nicht gesunken ist.

Vorbehaltlos also nehmen Menschen, die miteinander Gottesdienst feiern, Geld mit, weil die Kollekte neben Predigt, Gebet und Gemeinschaft ein unverzichtbares gottesdienstliches Element ist. Sie geben in aller Beiläufigkeit. Sie geben, ohne etwas dafür zu erwarten. Sie geben, weil es eine Gabe des Glaubens ist. Und sie geben absichtslos.

Hilde Domin hat sich in einem ihrer schönsten Gedichte genau dazu Gedanken gemacht:

Wie wenig nütze ich bin

Wie wenig nütze ich bin,
ich hebe den Finger und hinterlasse
nicht den kleinsten Strich
in der Luft.

Die Zeit verwischt mein Gesicht,
sie hat schon begonnen.
Hinter meinen Schritten im Staub
wäscht der Regen die Straße blank
wie eine Hausfrau.

Ich war hier.
Ich gehe vorüber
ohne Spur.
Die Ulmen am Weg
winken mir zu wie ich komme,
grün blau goldener Gruß,
und vergessen mich,
eh ich vorbei bin.

Ich gehe vorüber -
aber ich lasse vielleicht
den kleinen Ton meiner Stimme,
mein Lachen und meine Tränen
und auch den Gruß der Bäume im Abend
auf einem Stückchen Papier.
Und im Vorbeigehn,
ganz absichtslos,
zünde ich die ein oder andere

Laterne an
in den Herzen am Wegrand.[10]

„Und im Vorbeigehn, ganz absichtslos, zünde ich die ein oder andere Laterne an in den Herzen am Wegrand."
Könnte das gemeint sein mit absichtsloser Frömmigkeit?
Nicht berechnend, den eigenen Vorteil oder Gewinn suchend, die Rechte nicht wissen lassend, was die Linke tut. Ich denke nicht, dass es falsch ist, wenn wir als Kirche davon reden, was wir tun, wer wir sind, welchen Beitrag wir zur Gemeinschaft leisten. Und – oder aber – es ist hilfreich immer wieder nach den Beweggründen zu fragen. Natürlich machen wir uns Sorgen um das rein materielle Überleben, um die Löhne, die wir zu bezahlen haben, um die Menschen, für die wir Verantwortung tragen. Aber ist das das Einzige, das unsere Kirche noch zusammenhält – das materielle Überleben? Ich hoffe es nicht!
Es ist eine Grundhaltung, von der Jesus spricht, die nicht nach Gewinnmaximierung und Wachstum fragt. Es ist das ganz leise absichtslose Anzünden der ein oder anderen Laterne in den Herzen der Menschen am Wegrand, die bei mir vorbeikommen, an denen ich vorbeikomme. Das Absichtslose, das Beziehung, das Verbindung schafft ohne Vorbehalte.
Ich sehe noch einmal die Menschenmenge vor mir, die an den Lippen von Jesus hängt, denen er sagt: *Wenn du aber Almosen gibst, lass deine Linke nicht wissen, was die Rechte tut, damit dein Almosen im Verborgenen bleibt. Und dein Vater, der ins Verborgene sieht, wird es dir vergelten.*

Ich denke nicht, dass Jesus die Menschen damit verströstet auf

---

[10]Quelle: http://lit.genius.com/Hilde-domin-wie-wenig-nutze-ich-bin-annotated

eine Belohnung nach dem Tod. Vergeltung durch den Vater im Verborgenen, das verstehe ich als einen Lohn, der ganz diesseitig ist, aber unsere materiellen Massstäbe übersteigt. Im Verborgenen, im Inneren Lohn zu erhalten, ist viel mehr, als materieller Lohn es je sein kann: Es ist Zufriedenheit und Ganzheit. Die erhoffen wir uns von unserm Glauben, und die finden wir – vielleicht – wenn wir
„im Vorbeigehn, ganz absichtslos, die ein oder andere Laterne anzünden in den Herzen am Wegrand."

Amen

Kirche soll gut tun! Soll Kirche gut tun?
Predigt über Jeremia 20,7-11a

Kirche soll guttun! Wer am Sonntag in die Kirche kommt, möchte gestärkt und ermutigt wieder in seinen Alltag gehen, ja vielleicht sogar etwas erlebt haben, das in ihm oder ihr nachklingt, beschwingten Schrittes die Kirche verlassen gehen.
Dann bewegt mich Gottesdienst. Dann komme ich gerne wieder, wenn ich bekommen habe, was ich suche und brauche in meinem oft anstrengenden und kräftezehrenden Alltag. Das geht mir auch als Pfarrer so.
Gottesdienst soll nicht zu schwer und beanspruchend sein, schliesslich sind Arbeit, familiäre Pflichten, gesellschaftliche Herausforderungen schon genug.
Zum Gottesdienst gehören schöne Lieder, eine ansprechende Musik, die durchaus Grund sein kann, einen Gottesdienst zu besuchen, und: eine gute Predigt – was auch immer das genau ist. Eine Predigt, die mich anregt, über einen Bibeltext oder ein Thema selbst nachzudenken, oder: eine Predigt, die mir Kraft und Stärkung für den Alltag verspricht, oder: eine Predigt, die mich amüsiert und mich lächeln lässt. Was wir heute sicher nicht mehr wollen, ist eine Predigt, die mir mit erhobenem Zeigefinger sagt, was ich zu tun habe, die mir in meinen Alltag hineinredet, in meine Meinungen, die ich habe zu verschiedenen Fragen. Von der Kanzel herab zu hören, was ich falsch mache und wie ich mich allenfalls zu verhalten hätte, das ist heute nicht mehr das, was mich motiviert, den Gottesdienst zu besuchen. Vielleicht war es das nie, aber Praxis war es in früheren Zeiten, als der Pfarrer noch die moralische Instanz im Dorf war. Ob er (ich sage bewusst nicht „sie“) dafür geliebt oder vielleicht eher gefürchtet wurde, mag ich nicht beurteilen.

Sicher ist für mich als Pfarrer, dass ich mir in einer Zeit, in der das Prestige dieses Berufes immer mehr in Zweifel gezogen wird, durchaus auch wünsche, in der Gemeinde geschätzt zu sein, beliebt bei den Menschen für das, was ich an Aktivitäten in der Kirchengemeinde entfalte und anbiete.
Ja, es tut gut, nach einem Gottesdienst, in dem ich mit der Kirchenband Musik gemacht habe, von den zahlreichen Gottesdienstfeiernden zu hören, wie toll das sei, dass der Pfarrer am Klavier sitzt und mit seinen Musikern die Menschen begeistert.
Ja, das tut gut. Nur: Ist das alles, warum ich Pfarrer geworden bin? Um Ehre und Lob zu bekommen? Sicher, ein gewisser Narzissmus gehört vielleicht auch zu diesem Beruf, aber er kann sich doch kaum darin erschöpfen.
Beim Propheten Jeremia hören wir von einem, dem es ganz anders erging, einem, der in seiner Zeit vielleicht eine ähnliche Funktion hatte wie ein Pfarrer, eine Pfarrerin heute, der damit aber ganz andere Erfahrungen gemacht hat.
Wir lesen bei Jeremia 20,7-11a[11]:
7 Du hast mich überredet, GOTT[12], und ich habe mich überreden lassen; du bist stärker als ich, und du hast gewonnen; den ganzen Tag lang bin ich ein Gespött, jeder macht sich lustig über mich.
8 Denn wenn immer ich rede, schreie ich auf. Gewalttat und Unterdrückung! rufe ich. Denn den ganzen Tag lang gereicht mir das Wort GOTTES zu Hohn und Spott.
9 Und wenn ich sage: „Ich werde nicht an ihn denken und nicht mehr in seinem Namen sprechen!" Dann wird es in meinem Herzen wie brennendes Feuer, eingeschlossen in meinem Gebein. Und ich habe mich abgemüht, es zu ertragen, und ich kann es nicht.

---

[11] Zitiert nach Zürcher Bibel, 2007.
[12] Statt des Tetragramms, des Gottesnamen JHWH, in der hebräischen Bibel verwende ich grundsätzlich „GOTT" im Unterschied zur Zürcher Bibel, die „HERR" verwendet. Die Grossschreibung aller Buchstaben verweist aber auch bei mir auf das Tetragramm.

10 Von vielen habe ich Gerede gehört: „Grauen ringsum!“ „Erstattet Bericht!“ „Lasst uns Bericht erstatten!“ Alle, mit denen ich Frieden hielt, lauern auf meinen Fall: „Vielleicht lässt er sich verleiten, dann wollen wir ihn überwältigen und unsere Rache an ihm nehmen!“
11 GOTT aber ist bei mir wie ein mächtiger Held.

„GOTT, du hast mich überredet, und ich habe mich überreden lassen.“ Da leidet einer ganz entsetzlich, einer, der etwas tun muss, das ihm offensichtlich zutiefst zuwider ist, zu dem er sich aber gezwungen fühlt durch eine innere Berufung. Einer der leidet unter dem, was er tut, aber genauso darunter leiden würde, wenn er es nicht täte. Was für ein menschliches Drama!
Was dieser Prophet – oder sagen wir ruhig: dieser Pfarrer – zu verkünden hat, ist alles andere als angenehm: Gottes Wort ist hier sicher kein Trost oder Erbauung. Es kommt gewalttätig daher: Von Frevel und Gewalt muss der Prophet reden. Er muss den Menschen Dinge sagen, die sie wahrlich nicht hören wollen. Die schwören ihm Rache, wollen ihn verklagen, wollen ihm ans Leben. Was für eine Last ist dieses Amt, gegen das er sich so gar nicht wehren kann. Zutiefst ist er davon überzeugt, ja es ist ihm ein im Herzen brennendes Feuer, Gottes Wort zu sagen, auch wenn er sich damit in Lebensgefahr begibt.
Mir kommen Menschen aus unserer Epoche in den Sinn, denen es ein ebenso brennendes Bedürfnis war, Ungerechtigkeit anzuprangern: Dietrich Bonhoeffer oder Sophie Scholl in den Unzeiten des Nationalsozialismus in Deutschland.
1943 bezahlte Sophie Scholl ihren Widerstand gegen das zum Himmel schreiende Unrecht des Naziregimes mit ihrem Leben. Ebenso wie Dietrich Bonhoeffer zwei Jahre später.
Beide, Sophie Scholl wie auch Dietrich Bonhoeffer, waren so fest und zutiefst davon überzeugt, gegen das Unrecht kämpfen zu

müssen, dass sie das Risiko des eigenen Todes auf sich nahmen. Vermutlich hätten beide von sich sagen können, was auch Jeremia von sich sagt: „Es wird in meinem Herzen wie ein brennendes Feuer, in meinen Gebeinen verschlossen, dass ich's nicht ertragen konnte; ich wäre schier vergangen“ (Vers 9).
Beide, Sophie Scholl und Dietrich Bonhoeffer, schöpften aus ihrem christlichen Glauben die Kraft zu ihrem lebensgefährlichen Einsatz, beide konnten nicht anders.
Ich denke auch an den berühmten Ausspruch Martin Luthers, als er seine Schriften widerrufen sollte: „Hier stehe ich, ich kann nicht anders, Gott helfe mir, Amen.“
Und dann bin ich wieder bei mir, bei meiner eigenen Motivation, Pfarrer zu sein, zu predigen – in einer Zeit, in der es längst nicht mehr lebensgefährlich ist, deutliche Worte zu sagen, in einer Zeit und einem Umfeld, in der das Recht zur freien Meinungsäusserung ein Menschenrecht ist, kaum gefährlich für Leib und Seele. Und doch tue ich mich schwerer als manch andere, die es mit dem Leben bezahlt haben, Unrecht beim Namen zu nennen oder sich für andere einzusetzen.
Ich erinnere mich an einen kantonalen Pfarrkonvent vor etwa 5 Jahren, als einige Kolleginnen und Kollegen – ich gehörte auch dazu – eine klare Meinungsäusserung des Konventes zur damals gerade aktuellen Verschärfung des Asylrechtes verlangten. Es wurde hin und her diskutiert, ob sich das gehöre für einen Pfarrkonvent, der sich noch nie als Körperschaft öffentlich geäussert hatte. Ein starkes Argument in der Diskussion war die Drohung einiger einflussreicher Politiker, dass sie aus der Kirche austreten würden, wenn Pfarrpersonen sich in dieser Richtung äussern würden. Das Killerargument am Schluss war dann, dass das Geschäft nicht auf der Traktandenliste (Tagesordnung) stand und also nicht demokratisch legitimiert war. Es kam also tatsächlich nicht zu einer

öffentlichen Meinungsäusserung gegen die Verschärfung des Asylgesetzes, das in der Folge dazu führte, dass vermehrt Flüchtlinge in den Untergrund gehen mussten, wenn ihre Asylgesuche abgelehnt wurden.

Jeremia geht vielleicht einen Schritt weiter: Er kritisiert nicht nur die menschenverachtenden Praktiken seiner Zeit, er droht seinen Zeitgenossen auch handfest mit göttlichen Strafen, die reichlich gewalttätig daherkommen. Dass ihn das nicht gerade beliebt macht, leuchtet ein. Aber Jeremia hat einen Glauben, der so unerschütterlich ist, dass er darin immer wieder Trost findet:

„Aber Gott ist bei mir wie ein starker Held“ (Vers 11). Einen Glauben, wie ihn auch Sophie Scholl oder Dietrich Bonhoeffer hatten und damit bis zum Ende gegangen sind.

Wie ist das mit meinem Glauben? Wie weit trägt er mich in Zeiten der Anfechtung? Wo bin ich bereit, meine Beliebtheit bei den Menschen aufs Spiel zu setzen, weil ich mich für eine Sache ganz und gar einsetzen will, weil ich Dinge zu sagen habe, die viele nicht gerne hören möchten?

„Sehen und handeln“ – so heisst ein Kampagne-Thema der Hilfswerke Brot für alle und Fastenopfer in der Schweiz. Die Hilfswerke sind Institutionen, die sich heute stellvertretend einsetzen für gerechtere Verhältnisse in vielen Teilen unserer Welt. Es ist gut und ganz angenehm, dass es sie gibt. Jeremia hatte sie nicht zur Verfügung. Er musste alleine vor die Welt treten – und hat es trotzdem getan.

Wie viel leichter haben wir es heute in einem Land mit einer Rechtsordnung, mit einer Gerichtsbarkeit und einer inneren Sicherheit, in der niemand gefährdet ist, weil er anderer Meinung ist als die Herrschenden und die Mächtigen. Und trotzdem ist es so viel bequemer zu schweigen, sich keine Feinde zu machen und mit der Mehrheit im breiten Strom zu schwimmen.

Ja, es ist ein berechtigtes Bedürfnis, im Gottesdienst Stärkung zu erfahren, es sich gut gehen zu lassen in der Kirche, menschliche Wärme und Zuwendung zu erfahren. Ein berechtigtes und ein verständliches Bedürfnis. Aber es kann und darf nie alles sein, was die Kirche zu bieten hat – mit dem Risiko, dass nicht alle einverstanden sind mit dem, was gesagt wird.
Der Prophet Jesaja bringt es in prägnanter Art zum Ausdruck passend zur Fastenzeit (Jesaja 58,6-7):
6 Ist nicht dies ein Fasten, wie ich es will: Ungerechte Fesseln öffnen, die Stricke der Jochstange lösen und Misshandelte freilassen und dass ihr jedes Joch zerbrecht?
7 Bedeutet es nicht, dem Hungrigen dein Brot zu brechen, und dass du Arme, Obdachlose ins Haus bringst?

Dazu gebe uns Gott den Glauben, die Kraft und die Gelassenheit gegenüber anderen Meinungen, wie es Dietrich Bonhoeffer in seinem berühmten Gedicht geschrieben hat:

Von guten Mächten wunderbar geborgen,
erwarten wir getrost, was kommen mag,
Gott ist mit uns am Abend und am Morgen,
und ganz gewiss an jedem neuen Tag.

Amen

Liedpredigt

Predigt über RG[13] 537 (EG[14] 503): Geh aus mein Herz und suche Freud[15]

1. Geh aus, mein Herz, und suche Freud
in dieser lieben Sommerzeit
an deines Gottes Gaben;
schau an der schönen Gärten Zier,
und siehe, wie sie mir und dir
sich ausgeschmücket haben.

2. Die Bäume stehen voller Laub,
das Erdreich decket seinen Staub
mit einem grünen Kleide;
Narzissus und die Tulipan,
die ziehen sich viel schöner an
als Salomonis Seide.

3. Die Lerche schwingt sich in die Luft,
das Täublein fliegt aus seiner Kluft
und macht sich in die Wälder;
die hochbegabte Nachtigall
ergötzt und füllt mit ihrem Schall
Berg, Hügel, Tal und Felder.

4. Die Glucke führt ihr Völklein aus,
der Storch baut und bewohnt sein Haus,
das Schwälblein speist die Jungen,
der schnelle Hirsch, das leichte Reh
ist froh und kommt aus seiner Höh
ins tiefe Gras gesprungen.

---

[13] Reformiertes Gesangbuch Schweiz
[14] Evangelisches Gesangbuch Deutschland
[15] Vor der Predigt singen/hören/lesen wir die Strophen 1-4 des Liedes.

Sommer, Sonne, Wind und See, heiße Tage, kühle Getränke, bunte Früchte, reifendes Getreide, blühende Gärten; Sommerzeit, Urlaubszeit, Badezeit, Erntezeit, Grillzeit: Sommerfeste in Gärten, auf Terrassen, Balkonen und Straßen, Verweilen auf der Bank unter dem alten, schattenspendenden Baum vor dem Haus –
der Sommer, eine Einladung an uns: „Geh' aus mein Herz und suche Freud in dieser lieben Sommerzeit an deines Gottes Gaben..."
Dieses Lied - immer wieder gern gesungen – fordert mich auf: Geh hinaus, zeige dich, öffne dich, schau', was der Garten Gottes dir alles zu bieten hat, schau', was alles wächst, blüht und gedeiht – ist das nicht Grund genug zur Freude? Ist es nicht das, was viele Menschen in der Sommerferienzeit suchen? Das Lied fordert uns heraus, die vielfältigen Geschenke des Sommers zu entdecken und zu nutzen.
Wir nehmen uns selten Zeit für ein Lied mit 15 Strophen. Heute möchte ich Sie dazu einladen.
Bilder aus der Natur begegnen uns in den ersten Strophen: Gärten, Bäume, Blumen, Vögel, Hirsche, Rehe – eine Idylle, so scheint es, ist die Natur. Auch wenn ich als moderner Mensch, der über die Dinge nachdenkt, schnell einwenden möchte: Halt, das ist doch gar zu lieblich. So unreflektiert kann man doch nicht über die Natur reden und singen. Die Natur, und besonders die vom Menschen beherrschte Natur ist keine solche Idylle.
Und doch: Es gibt die Wunder der Natur, die wir alle im Kleinen im Garten und im Grossen bei der Wanderung in den Hochalpen, oder bei einer Reise zu fernen Naturwundern mit Staunen wahrnehmen können: Es gibt diese phantastische Natur, diese Schöpfung, die von Gott so wunderbar und weise gemacht ist, wie wir es in Psalm 104,24-33[16] lesen:

[16] zitiert nach Zürcher Bibel, 2007.

24 Wie zahlreich sind deine Werke, GOTT[17]*. Du hast sie alle in Weisheit gemacht, die Erde ist voll von deinen Geschöpfen.*
25 Da ist das Meer, so gross und so weit, darin ein Gewimmel ohne Zahl, Tiere gross und klein.
26 Schiffe ziehen dahin, der Leviatan, den du gebildet hast, um mit ihm zu spielen.
27 Sie alle warten auf dich, dass du ihnen Speise gibst zur rechten Zeit.
28 Gibst du ihnen, so sammeln sie ein, tust du deine Hand auf, so werden sie satt von Gutem.
29 Verbirgst du dein Angesicht, erschrecken sie, nimmst du ihren Atem weg, kommen sie um und werden wieder zu Staub.
30 Sendest du deinen Atem aus, werden sie erschaffen, und du erneuerst das Angesicht der Erde.
31 Ewig währe die Herrlichkeit GOTTES, GOTT freue sich seiner Werke.
32 Er blickt die Erde an, und sie erbebt, er rührt die Berge an, und sie rauchen.
33 Ich will GOTT singen mein Leben lang, will meinem Gott spielen, solange ich bin.

Es gibt diese schöne Schöpfung und wir sind ein Teil von ihr!

5. Die Bächlein rauschen in dem Sand
und malen sich an ihrem Rand
mit schattenreichen Myrten;
die Wiesen liegen hart dabei
und klingen ganz vom Lustgeschrei
der Schaf und ihrer Hirten.

---

[17] Statt des Tetragramms, des Gottesnamen JHWH, in der hebräischen Bibel verwende ich grundsätzlich „GOTT“ im Unterschied zur Zürcher Bibel, die „HERR“ verwendet. Die Grossschreibung aller Buchstaben verweist aber auch bei mir auf das Tetragramm.

6. Die unverdroßne Bienenschar
fliegt hin und her, sucht hier und da
die edle Honigspeise;
des süßen Weinstocks starker Saft
bringt täglich neue Stärk und Kraft
in seinem schwachen Reise.

7. Der Weizen wächset mit Gewalt;
darüber jauchzet jung und alt
und rühmt die große Güte
des, der so überfließend labt,
und mit so manchem Gut begabt
das menschliche Gemüte.

8. Ich selber kann und mag nicht ruhn,
des großen Gottes großes Tun
erweckt mir alle Sinnen;
ich singe mit, wenn alles singt,
und lasse, was dem Höchsten klingt,
aus meinem Herzen rinnen.

Paul Gerhardt lädt uns ein, Teil der guten Schöpfung zu werden und zu sein in unserer menschlichen Fähigkeit, Danke dafür zu sagen. Er dichtet dieses Lied 1653, fünf Jahre nach dem Ende des 30jährigen Krieges. Er selbst war gerade elf Jahre alt, als der Krieg ausbrach und 41 Jahre, als er mit der Besiegelung des westfälischen Friedens in Münster und Osnabrück zu Ende ging. Mit zwölf Jahren verlor er seinen Vater, mit 14 Jahren seine Mutter. In seiner Ehe litt er unter dem Tod mehrerer Kinder. Paul Gerhardt, der Leben und Sterben in enger Verbindung erlebt hat, kann sich auch nach 30 Jahren Krieg, der Europa mit Tod und Armut überzog, nach Zerstörung, nach Kämpfen und Grausamkeiten, noch am

Reichtum des Sommers erfreuen: an den Bäumen, die voller Laub stehen, an den blühenden Blumen, am Zwitschern der Vögel, die ihre Jungen speisen, an den Bienen, die Honig produzieren, am Getreide, das auf den Feldern wächst. In allem, was die Natur uns zu bieten hat, sieht er Zeichen von Gottes Güte verborgen. Solange das alles noch wächst und gedeiht, gibt es in diesem irdischen Leben noch genug Grund zur Freude. All dies lässt hoffen, dass das Leben - auch angesichts der Not, der Kriegsfolgen und des Todes - dennoch weitergeht. Diese Erfahrung Paul Gerhards hat eine zeitlose Gültigkeit, auch wenn wir das unendliche Glück haben, in einem Land zu leben, das seit Jahrzehnten vom Krieg verschont geblieben ist.

9. Ach, denk ich, bist du hier so schön
und läßt du's uns so lieblich gehn
auf dieser armen Erden;
was will doch wohl nach dieser Welt
dort in dem reichen Himmelszelt
und güldnen Schlosse werden!

10. Welch hohe Lust, welch heller Schein
wird wohl in Christi Garten sein!
Wie muß es da wohl klingen,
da so viel tausend Seraphim
mit unverdroßnem Mund und Stimm
ihr Halleluja singen?

11. O wär ich da! O stünd ich schon,
ach süßer Gott, vor deinem Thron
und trüge meine Palmen:
So wollt ich nach der Engel Weis
erhöhen deines Namens Preis
mit tausend schönen Psalmen.

Für Paul Gerhardt ist die Schönheit der Natur und des Lebens Anlass zur Frage, was denn den Menschen nach diesem Leben auf der Erde einmal in Gottes Welt erwartet. In Strophe 10 gibt er der Hoffnung Ausdruck: „Welch' hohe Lust, welch' heller Schein, wird wohl in Christi Garten sein?" Die Vielfalt des Sommers steht für Paul Gerhard wie ein Gleichnis für die christliche Hoffnung auf die Herrlichkeit der neuen Welt Gottes.

„Denn dein ist das Reich und die Kraft und die Herrlichkeit in Ewigkeit. Amen." So beten wir es Sonntag für Sonntag im Unservater. Gottes neue Welt als eine helle, leuchtende und farbige Welt; eine Welt, in der Schmerz und Leiden überwunden sein werden; eine Welt voller Freude.

Paul Gerhard mag dabei an die prophetischen Texte der Bibel gedacht haben, in denen immer wieder von dieser neuen Welt die Rede ist, zum Beispiel in der Offenbarung des Johannes, dem letzten Buch der Bibel, 21,1-5:

1 Ich sah einen neuen Himmel und eine neue Erde; ...
3 Und ich hörte eine laute Stimme vom Thron her rufen: Siehe, die Wohnung Gottes bei den Menschen! Er wird bei ihnen wohnen, ...
4 Und abwischen wird er jede Träne von ihren Augen, und der Tod wird nicht mehr sein, und kein Leid, kein Geschrei und keine Mühsal wird mehr sein; denn was zuerst war, ist vergangen.
5 Und der auf dem Thron sass, sprach: Siehe, ich mache alles neu!

Wir brauchen diese Hoffnung bei allem, was uns in dieser Welt jenseits aller Schönheit der Natur an Not und Leid begegnet. Manchmal können wir Spuren dieser neuen Welt Gottes schon in unserem Leben entdecken: immer dann, wenn ein Mensch getröstet wird, immer dann, wenn ein Mensch nach langer Krankheit neuen Lebensmut bekommt, immer dann, wenn Menschen einander verstehen. Mit dieser Verheißung der neuen Welt im Rücken können wir unser Leben neu wagen.

12. Doch gleichwohl will ich, weil ich noch
hier trage dieses Leibes Joch,
auch nicht gar stille schweigen;
mein Herze soll sich fort und fort
an diesem und an allem Ort
zu deinem Lobe neigen.

13. Hilf mir und segne meinen Geist
mit Segen, der vom Himmel fleußt,
daß ich dir stetig blühe;
gib, daß der Sommer deiner Gnad
in meiner Seele früh und spat
viel Glaubensfrüchte ziehe.

14. Mach in mir deinem Geiste Raum,
daß ich dir werd ein guter Baum,
und laß mich Wurzel treiben.
Verleihe, daß zu deinem Ruhm
ich deines Gartens schöne Blum
und Pflanze möge bleiben.

15. Erwähle mich zum Paradeis
und laß mich bis zur letzten Reis
an Leib und Seele grünen,
so will ich dir und deiner Ehr
allein und sonsten keinem mehr
hier und dort ewig dienen.

„...jetzt schon, da ich noch hier trage dieses Leibes Joch..." Paul Gerhard lebt im Hier und Jetzt, nicht auf Wolke 7. Er weiss, dass das Leben nicht nur Teil einer wunderbaren Schöpfung ist, sondern tägliche Herausforderung, die des Segens Gottes bedarf. Mein eigenes Leben ist wie das eines Baumes, das Frucht bringen soll, wie das eines Baumes, der Wurzeln schlägt, wächst und standhaft ist, oder wie eine schöne Blume, die ihren festen Platz im Garten Gottes hat. In diesem Garten stehen stolze Rosen neben kleinen, bescheidenen Veilchen; Wicken ranken sich nach allen Seiten bunt in die Höhe, und die Margeriten stehen gesellig beieinander. In unseren wunderbaren Bergen stehen kleine unscheinbare blaue Enzian neben unverschämt wucherndem weissem Germer. Und doch ist die Freude über die kleine blaue Blume mindestens so gross wie die über die grosse weisse. Da mag jede Blume im Garten ein Sinnbild für das bunte Gemisch der Menschen sein, jede einzelne mit ihren unterschiedlichen Bedürfnissen: Einige brauchen viel Nahrung, andere sind pflegeleicht; einige brauchen viel Zuwendung, Pflege und Zuspruch; einige gedeihen im Schatten, andere brauchen viel Licht und Wärme, um sich gut entwickeln zu können. So einzigartig wie die Blumen sind auch wir Menschen - darüber lässt uns der Sommer staunen.

Und schliesslich: Das Ziel unseres Lebens ist es, Gott zu dienen, „hier und dort". Gott dienen, heisst auch, sorgsam mit seiner Schöpfung umzugehen, ihr Sorge zu tragen, sie für unsere Kinder und Kindeskinder zu erhalten. Und das dürfen wir mit Freude, in dieser schönen Sommerzeit ganz besonders.

Darum: Geh' aus mein Herz und suche Freud in dieser lieben Sommerzeit.

Amen.

Predigt zu „Merry Christmas“ (Gotthard), Heiliger Abend

Alle Jahre wieder hören wir die schöne alte Weihnachtsgeschichte, wie sie der Evangelist Lukas aufgeschrieben hat. Wir hören von Maria und Josef, die den weiten Weg von Nazareth nach Bethlehem – rund 150 km – zu Fuss auf sich nehmen, Maria hochschwanger, um sich in Bethlehem registrieren zu lassen, eintragen zu lassen in die Register der Volkszählung, die der Kaiser Augustus veranlasst hatte. Wir hören von den Hirten auf dem Feld, die in kalter Nacht ihre Herden hüten, sie vor wilden Tieren schützen. Wir hören von den Engeln, die wunderbarer Weise für die Hirten hörbar das Lob Gottes singen, so wie wir es im Weihnachtsgottesdienst singen: „Ehre sei Gott in der Höhe und Friede auf Erden bei den Menschen seines Wohlgefallens.“

Wir hören, wie das Kind im Stall geboren wurde, weil es sonst keinen Platz in den überfüllten Herbergen gab, oder weil sich Josef und Maria die Übernachtung im Gasthaus nicht leisten konnten. Wir hören, wie die Hirten zu Besuch kommen, ihre Herden Gottes Schutz überlassen und am Schluss erfüllt nach Hause gehen.

Eine idyllische Geschichte – nun, etwas zweifelhaft idyllisch, so angenehm wird es in dem Stall damals nicht gewesen sein. Immerhin gaben vielleicht die Tiere warm, die auch noch in dem Stall waren.

Nein, ich denke nicht, dass es idyllisch war damals in der kalten Nacht, als Jesus geboren wurde.

Wie gerne möchten wir auch unser eigenes Weihnachtsfest als Idylle sehen: Die Familie, die friedlich zusammenkommt, miteinander feiert, singend um den Weihnachtsbaum sitzt, Geschenke auspackt, die sich alle wohlwollend gegenseitig schenken. Weihnachten – Familienidylle?! Hoffentlich für viele von uns, warum nicht?

Im Frieden miteinander feiern, wer wollte dem den Reiz und die Berechtigung absprechen. Und doch, da schleicht sich ein ungutes Gefühl herein: Ist diese Idylle das, was Weihnachten uns vermitteln will?

Als ich neulich mit dem Auto unterwegs war, hörte ich einen song der bekannten Schweizer Gruppe Gotthard.

„Merry christmas“ – „Fröhliche Weihnachten“. Ein Lied, das wunderbar in einen Weihnachtsgottesdienst passt, so dachte ich. Vor allem der schöne starke Refrain:

Wish you all a merry Christmas wish you all a great New Year
Hope you save a thougt for something that is true.
I wish a merry Christmas to you.

Ich wünsche euch allen fröhliche Weihnachten,
wünsche Euch allen ein grossartiges neues Jahr.
Ich hoffe, ihr bewahrt euch eure eigene Wahrheit.
Ich wünsche euch frohe Weihnachten.

Als ich das Lied dann näher betrachtete, musste ich bei der Übersetzung der Strophen erst mal etwas schlucken. Nein, dieses Lied beschreibt nicht die Weihnachtsidylle, es beschreibt deren Kehrseite, die dunkle Seite unseres Weihnachstfeierns. Es spricht von denen, die an Weihnachten nicht feiern können, denen das „Frohe Weihnachten“ im Hals stecken bleibt, weil sie es nicht (mehr) glauben können. Der schöne Refrain wird zur fernen Utopie eines Menschen, der Angst hat, der seine Angst nicht übertünchen kann und will mit schönen Worten.

Ist so ein Lied zumutbar am Heiligen Abend? Was kann es uns sagen?

Wir hören[18]/lesen die erste Strophe des Liedes[19]:

1. No one here, no one there I see desolation everywhere
just run out of tears to cry
It's getting colder every day in this God forgotten world I pray
as I look up to the sky
Is there something I can do to give back hope to this horizon
Close my eyes, as if it would stop the rain on me
I can't get my fears away with those words i hear you say
(Refr:) Wish you all a merry christmas wish you all a great new year
Hope you save a thought for something that is true
I wish a merry christmas to you

Viele Menschen können oder mögen am heutigen Heiligenabend nicht feiern. Deshalb ist das Lied wichtig, weil es sie auch gibt, weil wir auch ihnen gegenüber eine Verantwortung haben. Sie sind immer schon ein Teil unseres Feierns, indem wir nicht die Augen davor verschliessen, dass es so ist, indem wir nicht leugnen, dass auch wir Anteile in uns haben, denen der Rummel rund um Weihnachten zu viel ist, indem wir wahrnehmen, dass der Friede auf Erden noch keineswegs erreicht ist, ja manchmal ferner denn je erscheint.

Aber etwas lässt mich im Lied von Gotthard aufhorchen, so deprimiert, so ohnmächtig es scheint: „Ich bete" singt der Sänger. Und

---

[18] Unter https://www.youtube.com/watch?v=x5_OAXU0HKw findet sich das Lied im Internet.

[19] Deutsch: *1. Niemand da, ich sehe nur Wüsten überall. Habe keine Tränen mehr zum Weinen. Es wird jeden Tag kälter. In dieser von Gott vergessenen Welt bete ich. Ich schaue zum Himmel empor: Gibt es etwas, das ich tun kann, um dieser Welt die Hoffnung zurück zu geben? Ich schliesse meine Augen, als könnte das den Regen auf mich beenden. Ich kann meine Ängste nicht vertreiben mit diesen Worten, die ich dich sagen höre: (Refrain:) Ich wünsche euch allen fröhliche Weihnachten, wünsche Euch allen ein grossartiges neues Jahr. Ich hoffe, ihr bewahrt euch eure eigene Wahrheit. Ich wünsche euch frohe Weihnachten.*

mit dem Blick zum Himmel fragt er: „Gibt es etwas, das ich tun kann?“ Das ist nicht die Frage eines Menschen, der aufgegeben hat, der machtlos seinem Schicksal gegenüber steht: Auch wenn die guten Weihnachtswünsche seine Ängste nicht vertreiben können: Er hat nicht wirklich aufgegeben, er möchte etwas tun – und wenn es Beten ist.

Machtlos – ohnmächtig, so erscheint uns auch das Kind dort im Stall von Bethlehem. Auch Jesus kam in eine Welt, die voller Tränen war und an manchen Stellen gottverlassen schien. Aber er sprach von Hoffnung und Zukunft gegen alle Not und machte den Menschen Mut.

Wir hören/lesen die zweite Strophe des Liedes[20]:

2. Greeting cards, that you read you got everything you really need
in your world of red n'white flying high right to the sun
But the sparkle in your eyes has gone
It's so easy to forget
Is there something I can do I don't wanna weep in silence
There's no such blindman when you just don't want to see
But i can't ease my pain today with the words i hear you say
(Refr:) Wish you all a merry christmas wish you all a great new year
Hope you save a thought for something that is true
I wish a merry christmas to you

---

[20] Deutsch: *2. Du liest Weihnachtskarten, du hast alles, was du wirklich brauchst in deiner rot-weissen hochfliegenden Weihnachtswelt. Aber das Glänzen in deinen Augen ist weg. Es ist so leicht zu vergessen. Gibt es etwas, das ich tun kann? Ich möchte nicht in der Stille weinen. Keine Blindheit ist so gross, wie wenn du einfach nicht hinsehen möchtest. Ich kann meinen Schmerz heute nicht lindern mit den Worten, die ich Dich sagen höre: (Refrain:) Ich wünsche euch allen fröhliche Weihnachten, wünsche Euch allen ein grossartiges neues Jahr. Ich hoffe, ihr bewahrt euch eure eigene Wahrheit. Ich wünsche euch frohe Weihnachten.*

Das Glänzen in den Augen ist weg. Ich hoffe und wünsche mir, dass das am Heiligen Abend in den allermeisten Weihnachtsstuben nicht so ist. Dass da Kinderaugen sind, die glänzen, die sich freuen, hoffentlich nicht nur über das I-Phone oder das neue Velo, sondern auch darüber, dass wir in unserem Land in Frieden leben dürfen, dass unser Leben so sicher ist, wie das der wenigsten Menschen in dieser Welt.
Und auch in dieser Strophe höre ich den Hoffnungsschimmer: *Gibt es etwas, das ich tun kann? Ich möchte nicht in der Stille weinen.* Die Hoffnung ist da, auch wenn der Schmerz des Sängers in dieser Heiligen Nacht nicht zu lindern ist. Wie viele von uns tragen einen Schmerz in sich, der durch die Weihnacht nicht einfach verschwindet, aber der in der Weihnacht mit der Hoffnung genährt werden kann, dass es einen Frieden gibt, der tiefer geht als die schweigenden Waffen, der tiefe Friede, der Schalom, wie die Juden sagen, der Gottes Friede ist, der Wunden heilen kann, die wir nicht sehen, wie es in einem neueren Weihnachtslied heisst.[21]
Die Fragen, die das nicht leichte und doch wunderschöne Lied der Gruppe Gotthard an mich stellt, sind: Wie kann die Weihnachtsbotschaft mir in meiner eigenen Not guttun? Und: Wo begegne ich Menschen, die in Not sind und was ist dann meine Aufgabe? Jede und jeder von uns wird diese Fragen für sich selbst beantworten.
Am Schluss bleibt der wunderbare Refrain, den ich dann nicht nur als ferne Utopie, sondern als realen Wunsch für unseren Alltag hören möchte:

Ich wünsche euch allen fröhliche Weihnachten,
wünsche Euch allen ein grossartiges neues Jahr.
Ich hoffe, ihr bewahrt euch eure eigene Wahrheit.

[21] Zitat aus dem Lied „Friede, Friede, Friede sei mit Dir“ von Manfred Siebald

Ich wünsche euch frohe Weihnachten.

Amen.

Predigt über RG 1 (EG 309): Hoch hebt den Herrn

„Gott sei Dank“ – so habe ich in der vergangenen Woche aus tiefstem Herzen gedacht, Gott sei Dank – die Waffen schweigen im Nahen Osten. Wieder wurde diese Region von einem Krieg erschüttert, der Tausende von Menschen zu Opfern gemacht hat, indem sie ihr Leben, ihre Angehörigen, ihre Heimat verloren haben. Die Bilder, die uns den Krieg in unsere Stuben gebracht haben, haben sich in meinem Kopf festgesetzt, Bilder von Raketeneinschlägen, Bilder von zerstörten Häusern, Strassen und Brücken, Bilder von verzweifelten Menschen.

Der Krieg ist – hoffentlich – vorbei. Die Wunden, der Hass, die Feindschaft bleiben. Jetzt braucht es Tausende von Soldaten, um den brüchigen Waffenstillstand zu sichern, beide Seiten reden vom eigenen Sieg, von der Niederlage der anderen. Krieg löst keine Probleme, er unterdrückt sie nur.

Wir bei uns, wir leben – zum Glück – in anderen Verhältnissen, aber wir sind ein Teil der Weltgemeinschaft, die sich ernsthaft überlegen muss, wie sie in Zukunft Konflikte zwischen Völkern und Volksgruppen lösen will. Wir leben in anderen Verhältnissen, unsere Probleme beziehen sich – so scheint es oft – vor allem aufs Wetter, das entweder zu heiss oder zu kalt oder zu regnerisch ist, unsere Probleme beziehen sich auf das frühe Aufstehen, weil Schule oder Arbeitsstelle uns einen Tagesanfang setzen, unsere Probleme in einem Land, das seinen BewohnerInnen weitgehende Sicherheiten bieten kann, sind mit den Sorgen vieler Menschen auf dieser Welt, deren Ausmass wir uns nicht vorstellen können, kaum vergleichbar.

Dass aber auch bei uns die Welt nahe ist, das können wir in wenigen Wochen zeigen, wenn wir hier in der Schweiz über eine erneute Verschärfung der Asyl- und Ausländergesetze abstimmen. Da wird es sich dann zeigen, ob die Schweiz ein Land ist, das bereit ist, an den grossen Problemen dieser Welt Anteil zu nehmen, oder ob sie sich lieber zurückzuzieht und auf die Probleme mit dem Wetter und dem frühen Aufstehen zu beschränkt.

Die Waffen schweigen im Nahen Osten, dafür dürfen wir dankbar sein.

Wir begegnen heute einem Lied, das den Menschen im Nahen Osten wohl nicht so leicht über die Lippen kommen würde. Aber es ist ein Lied, das durchaus zu tun hat mit den grossen Problemen dieser Menschheit, ein Lied, das einen anderen Weg zeigt, das die Verhältnisse, die letztlich zu Kriegen führen, in Frage stellt, ein Lied, das auf einen ganz alten Text zurückgeht, einen Text, der vor über 2000 Jahren seinen Ursprung hat, einen Text, der einer Frau in den Mund gelegt wurde, einer jungen Frau, die weit weg von der geltenden Moral der damaligen Zeit schon vor der Hochzeit schwanger war. Ein Text, der alles in Frage stellt, was in der damaligen und in der heutigen Zeit gesellschaftlich gültig war, gesungen von einer Frau, damals – wie auch heute noch in vielen Ländern – ohne gesellschaftliche Rechte.

Der Text, der dem Lied bei Nummer 1 im reformierten Gesangbuch zugrunde liegt, ist das bekannte Magnifikat, ein Lied, das Maria, die spätere Mutter Jesu, singt, als sie schwanger bei ihrer mütterlichen Freundin Elisabeth weilt. Dieses Lied stellt vieles in Frage, was in der damaligen und heutigen Gesellschaft selbstverständlich gültig war: Maria hat die Vision, dass die Verhältnisse umgekehrt werden, dass Hochmut zu Fall kommt, dass Machtlose Macht erhalten, dass Hungrige satt werden, dass Reiche leer ausgehen, dass Mächtige vom Thron stürzen.

Ob das ein Modell wäre für den Umgang der Völker miteinander?

Ich weiss es nicht sicher, aber es wurde noch nie wirklich ausprobiert.

Um uns auf das Lied einzustimmen, hören wir einmal vom Chor die Melodie.[22]
„Magnificat" – so fängt der Text auf Lateinisch an, eine direkte Übersetzung des griechischen Urtextes. Magnificat – das heisst so viel wie „gross machen". „Hoch heben" – in diesem Sinn – ist durchaus eine passende Übertragung. So beginnt das Lied: „Hoch hebt den Herrn mein Herz und meine Seele." Die Melodie erhebt sich dazu in einem weiten Bogen, der eine ganze Oktave erfasst und bildet diesen Textanfang auch musikalisch glänzend ab.[23]
Wir hören von der Orgel das ganze Lied einmal und singen dann die erste Strophe miteinander:[24]
1. Hoch hebt den Herrn mein Herz und meine Seele
den grossen Gott, dem ich mein Heil befehle.
Dass er mein Heiland ist, frohlockt mein Geist,
der seinen Gott, den Herrn und Retter preist.

Interessant, dass das reformierte Gesangbuch der Schweiz mit diesem Lied beginnt. Wir würden vielleicht eher vom zeitgleich mit dem reformierten Gesangbuch erschienenen katholischen Gesangbuch (KG) erwarten, dass es ein Marienlied an den Anfang stellt. Interessant, dass das katholische Gesangbuch mit einem Lied beginnt, das wir vielleicht eher am Anfang des reformierten Gesangbuches erwarten würden: das ebenfalls ökumenische Lied „Gott hat

[22] Chor singt unisono die Melodie ohne Text. Wenn kein Chor vorhanden ist, kann ein Melodieinstrument oder die Orgel die Melodie spielen, oder ein/e SängerIn intoniert die Melodie ohne Text.
[23] Chor singt Liedanfang bis „Herz". Wahlweise intoniert ein Instrument oder ein/e SängerIn diesen Liedabschnitt.
[24] Orgel spielt eine ganze Strophe voraus, dann singen alle zusammen die erste Strophe.

das erste Wort“ – eine eigentlich reformatorische Erkenntnis.

Dass das Magnifikat am Anfang unseres neuen Gesangbuches steht, hatte zunächst formale Gründe: Da die erste Rubrik des Gesangbuches die Psalmen sind, und da das Magnifikat ein Psalm ist, der nicht im Buch der Psalmen im ersten Testament, sondern im zweiten Testament, im Lukasevangelium zu finden ist, wurde es an den Anfang dieser Rubrik gestellt. Das hat aber natürlich inhaltliche Konsequenzen: Das Lied macht deutlich, dass der christliche Glauben im Jüdischen verwurzelt ist, geht doch das Magnifikat zurück auf einen noch viel älteren Text, den einst die Mutter des Priesters Samuel im ersten Testament sang, als sie mit Samuel schwanger war.[25]

Dass Maria dieses Lied singt, weist aber aus der Vergangenheit in die Zukunft. Wir wissen, welchen besonderen Weg das Kind, der Mensch, gegangen ist, mit dem Maria schwanger war. So wird das Lied zur Verbindung zwischen Vergangenheit und Zukunft. Das zeichnet es als erstes Lied im Gesangbuch ebenfalls aus: Dass es

---

[25] *1. Samuel 2: 1 Und Hanna betete und sprach: Mein Herz freut sich an GOTT, grosse Kraft gibt mir GOTT, mein Mund ist aufgetan gegen meine Feinde, denn ich freue mich über deine Hilfe. 2 Niemand ist so heilig wie GOTT, denn es gibt keinen ausser dir, und kein Fels ist wie unser Gott. 3 Führt nicht so viele hochmütige Reden, nichts Freches komme aus eurem Mund, denn GOTT ist ein Gott, der alles kennt, von ihm werden die Taten geprüft. 4 Der Bogen der Helden hat Angst, Strauchelnde aber haben sich mit Kraft gegürtet. 5 Satte machen sich dienstbar für Brot, Hungrige aber müssen das nicht mehr tun. Die Unfruchtbare gebiert sieben, die aber viele Kinder hat, ist verwelkt. 6 GOTT tötet und macht lebendig, er führt hinab ins Totenreich und führt wieder hinauf. 7 GOTT macht arm, und er macht reich. Er erniedrigt, aber er erhöht auch. 8 Er richtet den Geringen auf aus dem Staub, hebt den Armen auf aus dem Kot, um ihn neben Edle zu setzen, und einen erhabenen Thron teilt er ihnen als Erbbesitz zu. Denn GOTT gehören die Pfeiler der Erde, und auf sie hat er den Erdkreis gelegt. 9 Die Füsse seiner Getreuen behütet er, die Frevler aber kommen um in der Finsternis. Denn aus eigener Kraft ist der Mensch nicht stark. 10 Wer mit GOTT streitet, wird erschrecken, über ihn lässt er im Himmel Donner erdröhnen. GOTT richtet die Enden der Erde. Seinem König gebe er Stärke, und er gebe Kraft seinem Gesalbten.*

Zu beachten: Statt des Tetragramms, des Gottesnamen JHWH, in der hebräischen Bibel verwende ich grundsätzlich „GOTT“ im Unterschied zur Zürcher Bibel, die „HERR“ verwendet. Die Grossschreibung aller Buchstaben verweist aber auch bei mir auf das Tetragramm.

die jüdische Verwurzelung unseres Glaubens verbindet mit unserer christlichen Hoffnung einer gerechten Welt, die in der Person Jesu zeichenhaft schon angebrochen ist.
Maria, eine Frau, gibt im reformierten Gesangbuch den Ton an, einem Gesangbuch, in dem die Frauen als Autorinnen oder Komponistinnen leider nach wie vor in der krassen Minderzahl sind. Wie im Lukasevangelium so auch in unserem Gesangbuch wird damit ein Zeichen gesetzt, die Botschaft von Auferstehung und Aufstand für das Leben wird damit zum Programm.
Wir ahnen allerdings, dass dies kein einfaches Unterfangen ist. Viele Lieder und Bibeltexte reden dann nachher in einer Weise von Gott, die – nicht nur für Frauen – schwer nachvollziehbar ist. Das fängt, aller guten Absicht zum Trotz bereits mit dem Text unseres Liedes an. Manchen Frauen tut es weh, dass da gleich im ersten Satz missverständlich vom „Herrn“ die Rede ist. Das war im Jahr 1952 noch kein Thema, als der Text gedichtet wurde. Inzwischen hat sich allerdings unser Empfinden für die Sprache und die in ihr dargestellte Wirklichkeit geändert.
Manche von uns stört es, wenn Gott zu selbstverständlich als Herr vorgestellt und als solcher angeredet wird, in einer Welt, die gegenüber „Herrschaften“ skeptisch geworden ist, was das Lied ja selbst auch zum Ausdruck bringt. Vielleicht hilft es, den Begriff „Herr“ zu verstehen als Anrede und Ehrentitel des Auferstandenen – das Magnifikat als vorweggenommenes Osterlied.
Wir singen die zweite und dritte Strophe:

2. Er hat auf meine Niedrigkeit gesehen,
und grosse Dinge sind an mir geschehen.
Barmherzig ist er jeglichem Geschlecht,
das Ehrfurcht kennt und wahrt sein heilig Recht.

3. Gewaltige stösst er von ihren Thronen;
wer niedrig stand, darf hoch in Ehren wohnen.
Die Reichen lässt er leer im Überfluss,
macht Arme reich, macht satt, wer darben muss.

Nach der persönlichen ersten Strophe, in der das singende „Ich" ganz in der Art der Psalmen Gott anspricht, so allgemein – der Name der Maria taucht nicht auf – dass jede und jeder Mitsingende sich dort wieder finden kann, entfaltet das Magnifikat die revolutionäre Weltsicht der Maria, der frühen Christenheit, in der Macht und Geld entmachtet werden, in der geltende Werte umgekehrt werden, in der den Ohnmächtigen ihr Platz gegeben wird, in der Hungrige satt und Arme reich werden. Ein Befreiungslied, das die Vision einer gerechten Welt ganz praktisch darstellt, ganz greifbar und nachvollziehbar macht, auch wenn sie uns oft so unmöglich erscheint.
Wir singen die vierte Strophe:

4. Er denkt wohl der Barmherzigkeit und Güte,
dass er die Seinen väterlich behüte.
Wie er verhiess: Sein Volk, sein Eigentum
bleibt ewiglich zu seines Namens Ruhm.

Strophe 4 führt wieder zurück zum singenden Menschen, zu Maria, zu mir, zu uns. Als singende Gemeinde dürfen wir uns der Barmherzigkeit Gottes unterstellen. Den „Seinen" wage ich mich als Singender zugehörig zu fühlen. Die Verheissung gilt durch die Zeiten hindurch und für alle: Sein Volk, sein Eigentum bleibt ewiglich zu seines Namens Ruhm.
Was es heissen würde, einen solchen Text, eine solche Verheissung auch im Alltag, in der Politik, in Krisen wie im Nahen Osten

ernst zu nehmen, kann ich nur erahnen. Wenn es stimmt, dass Gott auf der Seite der Armen, der Hungrigen, der Niedrigen steht, dann hat es Konsequenzen für mich, wenn ich meine demokratischen Rechte wahrnehme, wenn ich Stellung beziehe zum Umgang mit Fremden bei uns, zum Umgang mit AussenseiterInnen, zum Umgang mit Fragen des Zusammenlebens, auch im Bezug auf Tiere und Umwelt. Dazu ermutigt mich dieses Lied.
Die Melodie des Liedes ist wie die Textvorlage selbst schon sehr alt. Sie stammt vom Herausgeber des Genfer Psalters, des ersten reformierten Liederbuches, Guillaume Franc. Die kirchentonale Prägung und die fehlende Bindung an einen festen Takt wirken archaisch, vielleicht würden wir eine fröhlichere Melodie erwarten, wo der Text von Freude und Lobpreis spricht. Der leicht träge wirkende Fluss der Melodie ermöglicht es aber, das Gewicht ganz auf den starken Text zu legen.
Um der Melodie einmal auf ganz besondere und vielleicht etwas ungewohnte Weise nachzulauschen, hören wir zum Schluss eine experimentelle Umsetzung der Melodie, die Räume eröffnen kann, die zum Weiterdenken anregen.

Amen

(Der Chor singt zum Abschluss die einzelnen Zeilen der ersten Strophe jeweils als vierstimmigen Kanon, bei dem die Stimmen jeweils um ein Viertel versetzt beginnen und am Ende jeder Zeile im Schlusston der Zeile wieder zusammen finden.)

Predigt über RG 516 (EG 568): Wind kannst du nicht sehen; Pfingsten

Da muss etwas ganz Aussergewöhnliches passiert sein, an Pfingsten in Jerusalem vor 2000 Jahren.[26] Auch wenn wir historisch nicht mehr genau sagen können, was dort geschah, es hat einen so nachhaltigen Eindruck auf die Menschen gemacht, dass sie von da an mutig die christliche Botschaft weitererzählten, das, was sie mit Jesus von Nazareth bis hin zu seinem Tod erlebt und erfahren hatten. Und von der ebenso unglaublichen Erfahrung, dass dieser Jesus nicht einfach tot war, sondern mit seinem Geist anwesend war.
Pfingsten - von griechisch πεντηκοστή ἡμέρα („pentekoste hemera"), der fünfzigste Tag - wird am *fünfzigsten* Tag nach Ostern gefeiert. Die Apostelgeschichte berichtet, dass der Heilige Geist auf die Apostel und Jünger herabkam, als sie zum Pfingstfest - es hiess schon im Judentum so - in Jerusalem versammelt waren. Dieses Datum wird in der christlichen Tradition auch als Geburtsstunde der Kirche verstanden. Als christliches Fest wird Pfingsten erstmals im Jahr 130 erwähnt.
Aber es geht, wie erwähng, auf ein jüdisches Fest zurück, das auch schon 50 Tage nach einem anderen Fest gefeiert wurde: Das christliche Pfingstereignis fand am jüdischen Pfingsttag statt, wie es in der Apostelgeschichte heisst: „Als der Pfingsttag gekommen war". Dieses Fest – der andere jüdische Begriff dafür ist *Schawuot* - feiert die Offenbarung der Thora an das Volk Israel und gehört zu den Hauptfesten des Judentums. *Schawuot* bedeutet *Wochen* und weist mit diesem Namen auf die mit dem fünfzigsten Tag vollendeten sieben Wochen nach dem Pessachfest hin. Aus dieser Tradition stammt der griechische Name *pentekostē*, aus dem der deutsche

[26] Apostelgeschichte 2,1-18

Begriff „Pfingsten" hervorgegangen ist.
Soviel zum Hintergrund des Pfingstfestes. Was heisst aber Pfingsten heute? Ich möchte mich dieser Frage mit der Betrachtung eines Liedes annähern, einem schönen neuen Pfingstlied. Es steht bei Nr. 516 im Reformierten Gesangbuch. Vom Wind spricht das Lied, deshalb möchte ich für einmal zum Kennenlernen die Melodie dieses Liedes ganz leise mit Wind erzeugen, lauschen Sie gut![27]

1. Wind kannst du nicht sehen, ihn spürt nur das Ohr
flüstern oder brausen wie ein mächt'ger Chor.

2. Geist kannst du nicht sehen; doch hör, wie er spricht
tief im Herzen Worte voller Trost und Licht.

3. Wind kannst du nicht sehen, aber, was er tut:
Felder wogen, Wellen wandern in der Flut.

4. Geist kannst du nicht sehen, doch, wo er will sein,
weicht die Angst und strömt die Freude mächtig ein.

5. Hergesandt aus Welten, die noch niemand sah,
kommt der Geist zu uns, und Gott ist selber da.

Dem Pfarrer und bekanntem Schweizer Textdichter Markus Jenny verdanken wir viele schöne neue Texte und Textübertragungen im reformierten Schweizer Gesangbuch. Dieses Pfingstlied ist eine solche Übertragung aus dem Schwedischen. Die symbolische Beschreibung des Heiligen Geistes als „Wind" liegt schon im hebräischen Wort für Geist („ruach") begründet. Es hat viele Bedeutungen: Hauch, Atem, Geist, Wind. So kennen wir auch den sprichwörtlichen Ausdruck: Der Geist *weht,* wo er will. In Anlehnung

[27] Melodie 2x pfeifen. Während des 2. Mals übernimmt die Orgel ab dem 6. Takt ebenfalls leise die Melodie; dann spielt die Orgel 5x das Lied mit einfacher Begleitung, währenddessen der Text des Liedes vorgelesen wird.

an das schwedische Kirchenlied „Vinden ser vi inte“ von Anders Frostenson vergleicht Markus Jenny das Wirken des Geistes mit dem Wirken des Windes, den wir nicht sehen können, aber spüren. Die Verse wechseln ab, mal ist vom Wind die Rede, mal vom Geist, vom Wind, der zwar unsichtbar ist, dessen Wirkungen aber sichtbar sind, und vom Geist, der in uns wirkt, nicht äusserlich sichtbar, sondern innerlich spürbar.
Wir singen zusammen die beiden ersten Strophen:

1. Wind kannst du nicht sehen, ihn spürt nur das Ohr
flüstern oder brausen wie ein mächt'ger Chor.

2. Geist kannst du nicht sehen; doch hör, wie er spricht
tief im Herzen Worte voller Trost und Licht.

Den Wind spürt nur das Ohr. Ist das so? Ich denke ans Fahrradfahren. Sie kennen es vielleicht auch: Beim Fahradfahren spüren wir den Fahrtwind besonders im Ohr. Ich drehe manchmal gerne den Kopf zur Seite, um den Unterschied zu spüren, wenn die Luft am Ohr vorbeirauscht oder nicht.
Luft umgibt uns wie eine unsichtbare Hülle, Luft ist die dauernde Grundlage unseres Lebens, der Atem, der während unserer gesamten Lebenszeit fliesst. Grob gerechnet atmen wir 500 Millionen Mal ein und aus in unserem Leben. Luft umgibt uns und doch spüren wir sie so oft überhaupt nicht, erst wenn sie schlecht wird, unangenehm riecht, nicht mehr durchsichtig ist, besonders feucht oder stickig.
Und so ist es auch mit dem Geist, wie wir in der zweiten Strophe gesungen haben. Auch er ist nicht mit den Augen sichtbar, wir spüren ihn. Der Geist, von dem Pfingsten spricht, ist ein guter Geist, einer, der tief im Herzen Worte voller Trost und Licht spricht,

den wir nur hören, wenn wir gut hinhören, der nicht laut und aufdringlich ist.
Wir spüren manchmal auch schlechte Geister, wenn wir uns in einer Gruppe Menschen nicht wohlfühlen, wenn Menschen ausgeschlossen werden, wenn andere unterdrückt werden. Ob es solche schlechten Geister gibt oder nicht, weiss ich nicht, sicher erleben wir aber immer wieder Situationen, in denen der gute Geist Gottes nicht anwesend ist.
Wir lesen es schon im Johannesevangelium 3,8: *Der Geist – oder der Wind* (auch im Griechischen bedeutet das Wort Pneuma beides) – *weht, wo er will. Und du hörst sein Sausen wohl; aber du weisst nicht, woher er kommt und wohin er geht.*
Den Geist können wir nicht kontrollieren, genauso wenig wie den Wind. Das macht ihn vielleicht für rational denkende Menschen, die nur wissenschaftlich Beweisbares anerkennen, unheimlich und unglaublich.
Wir singen zusammen die dritte und vierte Strophe.

3. Wind kannst du nicht sehen, aber, was er tut:
Felder wogen, Wellen wandern in der Flut.

4. Geist kannst du nicht sehen, doch, wo er will sein,
weicht die Angst und strömt die Freude mächtig ein.

Es ist nicht nur das eigene Ohr, das den Wind wahrnimmt, es ist auch die Wirkung, die der Wind in der Welt hinterlässt. Sicher haben Sie schon das wunderbare Bild gesehen, wenn der Wind auf ein reifes Kornfeld sein Muster zeichnet, das Feld wogt, oder wenn auf einer grossen Wasserfläche die wunderbare Bewegung entsteht, wenn der Wind darüber fährt. Diesen Wind können wir auch nicht sehen, aber wir sehen, was er bewirkt. Überhaupt ist der Wind

erst dann interessant, wenn er auf Objekte stösst, die sich von ihm bewegen lassen. In gewisser Weise braucht der Wind das Kornfeld oder die Wasseroberfläche, um Wind zu sein. Und so ist es auch beim Geist. Wir hören ihn innerlich, wenn wir ganz genau hinhören. Und wir sehen und spüren seine Wirkung, wenn wir sie zulassen. Wenn wir Gottes Geist in uns einlassen, dann weicht die Angst und strömt die Freude ein. Wenn wir dem Geist Gottes zutrauen, dass er in unseren Alltag einwirkt, dann hat das Konsequenzen bis zur hohen Politik.
Vielleicht kennen Sie den berühmten Ausspruch vom ehemaligen Schweizer Bundesrat Adolf Ogi, der 1992 im Verkehrshaus Luzern vor Begeisterung über einen direkten Kontakt mit dem Astronauten Claude Nicollier im Space-Shuttle "Atlantis“ das geflügelte Wort prägte: „Freude herrscht!“ Ich mag nicht urteilen, ob der Geist Gottes hier wirklich anwesend war, aber ich möchte im Sinne von Pfingsten annehmen, dass immer dann, wenn echte Freude, gute Kommunikation zwischen den Menschen, friedlicher und vertraulicher Umgang miteinander geschehen, der Geist Gottes anwesend ist.
Wir singen zusammen die fünfte Strophe:

5. Hergesandt aus Welten, die noch niemand sah,
kommt der Geist zu uns, und Gott ist selber da.

An Pfingsten feiern wir, dass Gott uns zusagt, dass er auf dieser Erde anwesend ist. Pfingsten heisst: Wir sind nicht allein. Es gibt etwas, das unsere sichtbare Welt übersteigt. Es gibt etwas, das es uns Menschen möglich macht, im Frieden miteinander zu leben, uns zu verstehen, auch wenn wir verschiedene Sprachen sprechen, auch wenn wir aus verschiedenen Kulturen kommen. Verstehen geht über Sprachbarrieren hinaus. Die Menschen in Jerusalem haben es am Pfingsttag erlebt. Auch wir können es erleben, wenn wir den Pfingstgeist einlassen und ihm in unserem Herzen einen Platz geben. Dann feiern wir aus vollem Herzen den Geburtstag der Kirche.

Amen[28]

[28] Nach der Predigt kann noch einmal das ganze Lied gesungen werden.

Predigt über RG 534: In uns kreist das Leben - Reformationstag

Reformationstag, Spätherbst – wir erleben einen warmen, einen schönen Herbst, der in leuchtenden Farben die Natur in die Winterruhe verabschiedet. Reformation und Herbstzeit, eigentlich widersprüchliche Gefühle: Reformation, die wir verbinden mit Aufbruch und Neuanfang, Herbst, den wir verbinden mit Abschied, Sterben, zur Ruhe kommen.

Herbst bedeutet aber auch: Zeit der Ernte, der – eben – leuchtenden Farben. Ist dann Reformation vielleicht gar nicht so weit weg vom Bild der Ernte? Dass der Reformationstag im Herbst liegt, ist vielleicht für sich ein schönes Bild: So wie in der Reformation etwas Neues beginnt, so ist doch auch der Herbst Voraussetzung dafür, dass im Frühling wieder Neues wachsen kann.

Wir schauen heute dankbar auf die Ernte, die uns immer wieder besonders verwöhnt. Welch Geschenk, hier leben zu dürfen, im fruchtbaren Paradies, das alles hervorbringt, was wir zum Leben brauchen. Nur wenige von uns leben aber selber noch von den Gütern ihres Gartens oder ihrer Felder. Und wir Jüngeren und vor allem unsere Kinder wissen schon längst nicht mehr aus eigener Erfahrung, was Lebensmittelknappheit bedeutet.

Die Auslagen in unseren Lebensmittelgeschäften sind so voll wie immer. Und wir haben uns so daran gewöhnt, dass wir ärgerlich werden, wenn ein bestimmtes Produkt vielleicht einmal nicht zu haben ist.

Dass auch wir mit unserem Konsum beteiligt sind am weltweiten Transportwahnsinn wird uns höchstens bewusst, wenn die Lastwagenkolonnen auf der Autobahn ein zügiges Vorwärtskommen unsererseits verhindern. Aber wahrscheinlich ändern wir auch nach

dem Warten in Stau und Gestank unser Einkaufsverhalten nicht.
Der Kreislauf von Nahrung – wachsen lassen, ernten, verarbeiten, essen – ist uns nur noch in der Theorie bewusst. Wir kaufen und verbrauchen. Das ist die Parole im Zeitalter des Konsums.
Aber die dunklen Spuren und Konsequenzen aus diesem Verhalten machen auch vor unseren Toren nicht mehr Halt. Der Raubbau an der Natur ist längst weltweit zum Thema geworden. Und verseuchte oder medizinisch belastete Nahrungsmittel landen auch auf unseren Ladentischen. Internationale Konferenzen befassen sich regelmässig mit dieser Problematik. Ja, auch Kirchenglocken haben schon weltweit geläutet, um auf die Bedrohung der Schöpfung Gottes hinzuweisen, auch bei uns.
Und doch gibt es den Zusammenhang von Werden und Vergehen immer noch, auch wenn er in unserem Alltag kaum noch sichtbar ist. 1986 veröffentlichte der Schweizer Dichter Kurt Marti sein „Lied für die Erde", ein Lied, das dieses Bild vom Kreislauf der Natur zum Thema macht. Es steht bei Nummer 534 im reformierten Gesangbuch.[29]

1. In uns kreist das Leben, das uns Gott gegeben,
kreist als Stirb und Werde dieser Erde.

2. Ruhig leuchten Felder, dunkel steh'n die Wälder:
Ohn sie kann's kein Leben für uns geben.

3. Vögel in den Höhen, Fische in den Seen:
Ohn sie kann's kein Leben für uns geben.

4. Gottes Kreaturen füllen Hügel, Fluren:
Ohn sie kann's kein Leben für uns geben.

5. Schön im Stirb und Werde kreist die Mutter Erde,
trägt, was ihr gegeben: Gottes Leben.

[29] Chor summt leise die Melodie aller fünf Strophen, dazu werden die Strophen vorgelesen.

Der Text war 1985 entstanden aus dem Wunsch heraus, ein „ökologisches Kirchenlied“ zu schaffen. Die deutschen Gesangbuchgremien hatten Kurt Marti dazu aufgefordert. Kurt Marti ist aber nicht nur Dichter, er ist auch und zwar ganz bewusst, Pfarrer und Theologe. So beschreibt er die Natur als Schöpfung Gottes, die als Ganzes zusammengehört und Grundlage allen, auch des menschlichen Lebens, ist. Allerdings lautete die fünfte Strophe des Liedes in der Originalform anders, eher der politisch aufgeladeneren Zeit der 80er Jahre entsprechend:
„Ehrfurcht vor dem Leben, wem es auch gegeben,
heischt in Stirb und Werde Gottes Erde.“
Es wurde ihm aber dann von der deutschen Gesangbuchkommission, die sein Lied ganz knapp ablehnte, vorgeworfen, es enthalte einen ungeliebten moralischen Zeigefinger: Du *sollst* die Erde schonen. So dichtete er die fünfte Strophe später um, wie sie auch jetzt im reformierten Gesangbuch zu finden ist, in der er das Geschenk, die Gabe des Lebens betont, die wir Menschen empfangen.
Wir singen die erste Strophe:[30]

1. In uns kreist das Leben, das uns Gott gegeben,
kreist als Stirb und Werde dieser Erde.

Zweimal – in der ersten und in der letzten Strophe – fällt uns der Ausdruck vom „Stirb und Werde“ auf. Er stammt vom deutschen Dichterfürsten Goethe[31] und bringt für Marti drastisch zu Ausdruck, dass sich die Natur in Kreisläufen bewegt, die wir Menschen entweder beachten und mitmachen können, oder denen wir uns zu unserem eigenen Nachteil widersetzen können.

[30] Die Orgel spielt die Melodie noch einmal voraus.
[31] http://maerchenquelle.ch/1910/weisheiten-zitate-verse/2010/stirb-und-werde-goethe-2

Ich denke oft, wenn die Tage kürzer werden, dass es manchmal fast absurd ist, wie wenig der irdische Tageslauf in unserem Alltag, der durch elektrisches Licht und moderne Heizungen, Winters wie Sommers, gleich verläuft, noch eine Rolle spielt.
Die drei mittleren Strophen werden von der ersten und letzten Strophe gerahmt.
In den mittleren Strophen beschreibt Marti knapp und anschaulich, was die Schöpfung Gottes ausmacht: Flora und Fauna – Felder, Wälder, Vögel, Fische, Gottes Kreaturen auf der ganzen Welt. Dreimal schliesst Marti die Beschreibung der Natur mit dem dichterisch vielleicht nicht ganz gelungenen Satz: „Ohn sie kann's kein Leben für uns geben", der aber klar die Verbindung und Abhängigkeit des Menschen von der ihn umgebenden Natur deutlich macht. Vielleicht macht gerade das leichte sprachliche Stolpern aufmerksam für die Bedeutung dieses Zusammenhangs, der in unserem Alltag oft nicht mehr sichtbar ist.
Wir singen die drei mittleren Strophen miteinander:

2. Ruhig leuchten Felder, dunkel steh'n die Wälder:
Ohn sie kann's kein Leben für uns geben.

3. Vögel in den Höhen, Fische in den Seen:
Ohn sie kann's kein Leben für uns geben.

4. Gottes Kreaturen füllen Hügel, Fluren:
Ohn sie kann's kein Leben für uns geben.

Die harmonisch etwas ungewohnte Melodie bewegt sich im Dreiertakt, der in der alten Musik mit einem Kreis am Notenlinienanfang bezeichnet wurde als Zeichen von Ganzheit, das dem Bild vom Kreislauf entspricht. So gehört zum ungeraden Takt in der Verbindung von Musik und Körperbewegung häufig die Drehung,

denken wir nur an den Wiener Walzer. Gleichzeitig wirkt der Rhythmus ähnlich wie ein Pulsschlag – das Bild vom Kreislauf in der Natur findet so seine Entsprechung zum Blutkreislauf in uns.
Und die Melodie bewegt sich genau im Tonumfang einer Oktave, ebenfalls ein Bild von Ganzheit. Vor dem höchsten Ton in der Mitte findet sich auch die einzige Pause im Lied, gerne stolpern wir am Anfang über diese Pause. Vielleicht gar nicht so ungewollt vom Komponisten. Findet sich doch an dieser Stelle in der ersten und letzten Strophe das wichtige Wort „kreist“ und in den drei mittleren Strophen das schon erwähnte dichterisch etwas verkürzte und darum auch auffällige Wort „ohn’ “.
Die fünfte Strophe schliesst das Lied mit dem Vertrauen und dankbaren Blick auf die Mutter Erde, die das Leben, das Gott gibt, trägt und erhält. Sicher keine Entschuldigung für unverantwortlichen Umgang mit der Schöpfung, aber doch ein Hinweis darauf, dass Gott und Erde viel grösser sind als unsere kleinen menschlichen Vorstellungen und Möglichkeiten, und dass wir uns letztlich dankbar und zuversichtlich als Teil der göttlichen Schöpfung der Erde anvertrauen dürfen. Auch wenn wir Menschen in der Gefahr stehen, die lebensnotwendigen Kreisläufe in der Natur, in unserem Körper und im Zwischenmenschlichen zu vergessen oder zu verlernen, so haben wir doch letztlich die Zusage Gottes, dass wir seine Geschöpfe sind.
Wir singen zum Schluss die letzte Strophe des Liedes. Ungewöhnlich ist dabei, dass erst diese letzte Strophe am Schluss wieder auf dem Grundton endet. So bleibt das Lied bis zur letzten Strophe offen und findet erst in ihr auch musikalisch sein Ende. Es ist deshalb, auch weil es so kurze Strophen sind, sinnvoll, das Lied immer mit allen fünf Strophen zu singen.

5. Schön im Stirb und Werde kreist die Mutter Erde,
trägt, was ihr gegeben: Gottes Leben.

Amen

Bibliolog

Bibliolog[32] ist eine dialogische Form der Umsetzung und Auseinandersetzung mit einem Bibeltext. Es ist in diesem Rahmen nicht möglich, eine ausführliche Einführung in den Bibliolog zu machen. In der Standarteinleitung für einen Bibliolog (s.u.) wird zumindest deutlich, um was es geht. Es sei aber darauf hingewiesen, dass die praktische Durchführung eines Bibliologs einiger Ausbildung und Erfahrung bedarf. Dennoch ist es auch für bibliolog-unerfahrene Menschen interessant und gewinnbringend, sich selbst mit den Fragen auseinanderzusetzen, die im Bibliolog gestellt werden. Den LeserInnen dieses Buches empfehle ich, sich jeweils für die Fragen einen Moment Zeit zu nehmen und mit ihnen für sich selbst in der Stille Zwiegespräch zu führen.

Ein Bibliolog besteht in der Regel aus drei Teilen:

1. Einleitung in die Praxis des Bibliologs (s.u. „Einleitung...“)
2. Einführung in das Umfeld eines biblischen Textes (s.u. beim jeweiligen Bibeltext)
3. Durchführung des Bibliologs (s.u. beim jeweiligen Bibeltext)

Einleitung eines Bibliologs

Vor der Durchführung des Bibliologs werden die Teilnehmenden in einer kurzen Einführung auf den Bibliolog vorbereitet. Folgendes wird dabei erläutert: Der Bibeltext wird in einzelnen Abschnitten

32 Kurze Beschreibung des Bibliologs siehe: http://de.wikipedia.org/wiki/Bibliolog.
Weiterführende Literatur:
Peter A. Pitzele: Scripture Windows. Toward a Practice of Bibliodrama; Los Angeles: Alef Design Group, 1998
Uta Pohl-Patalong: Bibliolog. Impulse für Gottesdienst, Gemeinde und Schule. Band 1: Grundformen; 2. Aufl., Kohlhammer, Stuttgart 2010
Uta Pohl-Patalong: Bibliolog. Impulse für Gottesdienst, Gemeinde und Schule. Band 2: Aufbauformen; Kohlhammer, Stuttgart 2009

vorgelesen. Nach jedem Abschnitt bittet der/die BibliologleiterIn darum, sich in eine Person aus dem Text oder dem Umfeld des Textes hineinzuversetzen und stellt dieser Person dann Fragen. Die Teilnehmenden antworten als diese Person in Ich-Form. Dabei gibt es keine falschen Antworten. Es soll ohne Stress geantwortet werden. Der/die BibliologleiterIn stellt sich dazu in die Nähe der antwortenden Person und gibt im sogenannten „Echoing" mit eigenen Worten die Voten wieder. Eventuell fragt er/sie im „Interviewing" nach, wenn etwas unklar ist oder eine Vertiefung interessant wäre. Es soll auf diesem Weg allen Stimmen Gehör verschafft werden. So entsteht viel Zeit und es wird deutlich, ob das Gesagte verständlich war. Den Teilnehmenden wird Mut gemacht, sich zu beteiligen. Wenn viele mitmachen, wird es spannend und vielfältig.

Bibliolog zu Lukas 14,15-24: Das grosse Gastmahl

Einführung in Bibeltext[33]

Heute gehen wir zusammen in der Zeit zurück ungefähr ins Jahr 25. Jesus ist unterwegs in Galiläa. Es ist Sabbat, also der jüdische Sonntag. Da war es üblich, andere zu sich einzuladen, mit anderen zusammen zu essen und zu feiern. So auch Jesus. Er ist in einem vornehmen Haus eingeladen, bei einem Oberen der Juden. Hier fängt unser Bibeltext an. Er steht bei Lukas 14,15-24.

Bibliolog

Lukas 14, 15-17: Einer, der mit Jesus zu Tisch sass, sagte zu ihm: „Selig, wer im Reich Gottes essen wird.“ Er aber sagte zu ihm: „Ein Mensch gab ein grosses Essen und lud viele ein. Und zur Stunde des Mahls sandte er seinen Knecht aus, um den Geladenen zu sagen: Kommt, alles ist schon bereit!“[34]

Ihr seid, Du bist dieser Gastgeber mit Namen Markus. Was denkst du, Markus, als alles für das Fest vorbereitet ist und dein Bote unterwegs ist mit der Einladung an deine Freunde und all die, die du einladen möchtest?
(Antworten der Teilnehmenden, Echoing, Interviewing)
Danke Markus

14,18-20: Da begannen auf einmal alle, sich zu entschuldigen. Der erste sagte zu ihm: „Ich habe einen Acker gekauft und muss

---

[33] Eine ausführliche Exegese findet sich unter: http://www.hausarbeiten.de/faecher/vorschau/99767.html
[34] Alle Bibelstellen zitiert nach Zürcher Bibel, 2007.

unbedingt hingehen, um ihn zu besichtigen. Ich bitte dich, betrachte mich als entschuldigt." Und ein anderer sagte: „Ich habe fünf Joch Ochsen gekauft und bin unterwegs, sie zu prüfen. Ich bitte dich, betrachte mich als entschuldigt." Und wieder ein anderer sagte: „Ich habe geheiratet und kann deshalb nicht kommen."

Ihr seid, Du bist Susanna, du hast gerade geheiratet. Was denkst Du, was meinst Du dazu, als Du hörst, dass Dein Mann eingeladen worden ist jetzt gerade nach der Hochzeit an das Fest des Freundes, und soll dich jetzt allein lassen, um an dem Fest teilzunehmen?
(Antworten der Teilnehmenden, Echoing, Interviewing)
Danke, Susanna

14,21: Und der Knecht kam zurück und berichtete dies seinem Herrn. Da wurde der Hausherr zornig und sagte zu seinem Knecht: „Geh schnell hinaus auf die Strassen und Gassen der Stadt und bring die Armen und Verkrüppelten und Blinden und Lahmen herein."

Ihr seid, du bist Jakob, der Knecht des Gastgebers. Wie geht es Dir, als du hörst, dass du die Armen und Verkrüppelten, die Blinden und die Lahmen zum Fest hereinholen sollst?
(Antworten der Teilnehmenden, Echoing, Interviewing)
Danke, Jakob.

14,22-24: Und der Knecht sagte: „Herr, was du angeordnet hast, ist geschehen, und es ist noch Platz." Und der Herr sagte zum Knecht: „Geh hinaus auf die Landstrassen und an die Zäune und dränge sie hereinzukommen, damit mein Haus voll wird! Doch das sage ich euch: Von jenen Leuten, die zuerst eingeladen waren, wird keiner mein Mahl geniessen.“

Ihr seid, du bist Johannes, der Mann von Susanna, der so kurz nach der Hochzeit nicht an ein anderes Fest gehen wollte. Du hörst, was der Gastgeber dieses Festes über die zuerst Eingeladenen gesagt hat. Wie findest Du das? Was geht dir durch den Kopf, als dir das berichtet wird?
(Antworten der Teilnehmenden, Echoing, Interviewing)
Danke Johannes.

Markus, Susanna, Jakob und Johannes, danke, dass Ihr uns habt teilnehmen lassen an eurer Welt. Spannend, was ihr uns erzählt habt. Wir entlassen Euch jetzt wieder in die Welt des Bibeltextes und hören/lesen[35] ihn noch einmal ganz. Vielleicht jetzt mit etwas anderen Ohren als vorher.

[35] Es wird empfohlen, den Bibeltext noch einmal zu lesen.

Bibliolog zu Markus 5,21-24.35-43: Die Auferweckung der Tochter des Jairus

Einführung in den Bibeltext

In diesem Text geht es um eine sogenannte „Wunderheilung", in extremis als Auferweckung von den Toten. Immer wieder werden solche ausserordentlichen Handlungen von Jesus, aber auch von anderen wichtigen Menschen in der Bibel erzählt. Gerne legen wir die zur Seite und denken: Das sind Märchen, die sowieso nicht historisch wahr sind. Etwas Märchenhaftes haben diese Geschichten, aber es sind auch Geschichten, die ganz vieles über den Glauben der Menschen aussagen. Es sind Beispiele wunderbarer Veränderungen im Leben der Menschen, mit denen sie nie gerechnet hätten. Insofern sind es wertvolle Geschichten, und es ist reizvoll, sich einfach mal darauf einzulassen: Was wäre wenn?

Bibliolog

Matthäus 5,21-23: Viele Menschen kommen bei Jesus am See Genezareth zusammen. Da kommt einer von den Synagogenvorstehern mit Namen Jairus, und als er ihn sieht, fällt er ihm zu Füssen und fleht ihn an: „Mein Töchterchen ist todkrank. Komm und leg ihr die Hand auf, damit sie gerettet wird und am Leben bleibt."[36]

Ihr seid/Du bist Jairus. Was bewegt Dich, Jesus um Hilfe zu bitten?
(Antworten der Teilnehmenden, Echoing, Interviewing)
Danke, Jairus.

[36] Alle Bibelstellen zitiert nach Zürcher Bibel, 2007.

5,24; 6,35-36: Und er ging mit ihm. Und viel Volk folgte ihm und drängte sich um ihn. Da kommen Freunde des Synagogenvorstehers und sagen: „Deine Tochter ist gestorben! Was bemühst du den Meister noch?" Doch Jesus, der hörte, was geredet wurde, sagt zu dem Synagogenvorsteher: „Fürchte dich nicht, glaube nur!"

Ihr seid/Du bist noch einmal Jairus. Deine Freunde haben dir die Nachricht überbracht, dass deine Tochter gestorben ist. Jesus aber sagt, du sollst dich nicht fürchten, sondern glauben. Was geht Dir jetzt durch den Kopf?
(Antworten der Teilnehmenden, Echoing, Interviewing)
Danke, Jairus.

6,37-39: Und er liess niemanden mit sich gehen ausser Petrus, Jakobus und Johannes, den Bruder des Jakobus. Und sie kommen in das Haus des Synagogenvorstehers. Und er sieht die Aufregung, wie sie weinen und laut klagen. Und er geht hinein und sagt zu ihnen: „Was lärmt und weint ihr? Das Kind ist nicht gestorben, es schläft."

Ihr seid, Du bist Salome, die Mutter des Kindes und hörst, was Jesus sagt. Was denkst Du dazu?
(Antworten der Teilnehmenden, Echoing, Interviewing)
Danke, Salome.

6,40-43a: Da lachten sie ihn aus. Er aber schickt alle hinaus, nimmt den Vater des Kindes und die Mutter und seine Begleiter mit und geht hinein, wo das Kind ist. Und er nimmt die Hand des Kindes und spricht zu ihm: „Talita kum!" Das heisst: „Mädchen, ich sage dir, steh auf!" Und sogleich stand das Mädchen auf und ging umher.

Es war zwölf Jahre alt. Da waren sie fassungslos vor Entsetzen. Und er schärfte ihnen ein, dies niemanden wissen zu lassen.

Ihr seid, Du bist noch einmal Jairus: Was denkst Du bei Dir, was geht Dir durch den Kopf, als Du hörst, das Du niemandem etwas erzählen sollst von dem Wunder, das Du erlebt hast?
(Antworten der Teilnehmenden, Echoing, Interviewing)
Danke, Jairus.

6,43b: Und er sagte, man solle ihr zu essen geben.

Ihr seid, Du bist noch einmal Salome, die Mutter des Kindes. Jesus geht mit diesem letzten Satz aus Deinem Haus. Was hältst Du davon?
(Antworten der Teilnehmenden, Echoing, Interviewing)
Danke, Salome.

Jairus und Salome, danke, dass Ihr uns habt teilnehmen lassen an eurer Welt. Spannend, was ihr uns erzählt habt. Wir entlassen Euch jetzt wieder in die Welt des Bibeltextes und hören/lesen[37] ihn noch einmal ganz. Vielleicht jetzt mit etwas anderen Ohren als vorher.

[37] Es wird empfohlen, den Bibeltext noch einmal zu lesen.

Bibliolog zum Buch Jona

Einführung in Bibeltext - kurze Zusammenfassung von Kapitel 1 und 2

Jona erhält von Gott den Auftrag, Ninive die Zerstörung anzukündigen, da die Menschen dort böse und gottlos sind. Doch Jona flieht vor Gott in einem Schiff, das in einen schlimmen Sturm gerät. Jona wird als „Schuldiger“ entlarvt und ins Meer geworfen, von wo Gott ihn im Bauch eines Fisches rettet.

Bibliolog

Jona 3,1-4: Und das Wort Gottes erging zum zweiten Mal an Jona: „Mach dich auf, geh nach Ninive, in die grosse Stadt, und rufe ihr die Botschaft zu, die ich dir sage.“ Und Jona machte sich auf, und gemäss dem Wort Gottes ging er nach Ninive. Ninive aber war eine grosse Stadt, man benötigte drei Tagesreisen, um sie zu durchqueren. Und Jona begann die Stadt zu durchwandern, eine Tagesreise weit, und er rief und sprach: „Noch vierzig Tage, dann ist Ninive zerstört!“[38]

Du bist, ihr seid die Menschen von Ninive. Ihr liebt das Leben, den Luxus. Da kommt dieser Fremde daher und verkündet Euch den Untergang. Was denkst Du, als Du Jona so predigen hörst? Was sagt Ihr zueinander?
(Antworten der Teilnehmenden, Echoing, Interviewing)
Danke, Menschen von Ninive.

[38] Alle Bibelstellen zitiert nach Zürcher Bibel, 2007.

3,5-6 Da glaubten die Menschen von Ninive an Gott und riefen ein Fasten aus und legten Trauergewänder an, ihre Grössten wie ihre Kleinsten. Und das Wort gelangte zum König von Ninive, und er erhob sich von seinem Thron und legte seinen Mantel ab. Dann hüllte er sich in ein Trauergewand und setzte sich in den Staub.

(Zusammenfassung der nächsten Verse:) Ninive tut Busse, auch wenn es Gott nicht kennt, der König befiehlt Staatstrauer, er hofft, Gott könnte seine Strafe zurücknehmen.

3,10-4,1: Und Gott sah, was sie taten, dass sie zurückgekehrt waren von ihrem bösen Weg. Und Gott tat das Unheil leid, das über sie zu bringen er angekündigt hatte, und er führte es nicht aus. Da kam grosser Unmut über Jona, und er wurde zornig.

Ihr seid, du bist Jona. Nach allem, was Du auf Dich genommen hast, werden die Einwohner von Ninive nicht bestraft. Wie fühlt sich das an für dich, wie geht es Dir damit, was denkst Du?
(Antworten der Teilnehmenden, Echoing, Interviewing)
Danke, Jona.

4,2-6: Und er betete zu GOTT[39] *und sprach: „Ach, GOTT, war nicht eben das meine Rede, als ich in meiner Heimat war? Darum bin ich zuvor nach Tarschisch geflohen! Denn ich wusste, dass du ein gnädiger und barmherziger Gott bist, langmütig und reich an Gnade, und einer, dem das Unheil leidtut. Und nun, Gott, bitte nimm mir mein Leben, denn besser als mein Leben ist mein Tod." Da sprach GOTT: „Ist es recht, dass du zornig bist?" Und Jona ging*

[39] Statt des Tetragramms, des Gottesnamen JHWH, in der hebräischen Bibel verwende ich grundsätzlich „GOTT" im Unterschied zur Zürcher Bibel, die „HERR" verwendet. Die Grossschreibung aller Buchstaben verweist aber auch bei mir auf das Tetragramm.

aus der Stadt, und östlich der Stadt liess er sich nieder. Und dort baute er sich eine Hütte, und er sass darin im Schatten, bis er sehen würde, was in der Stadt geschah. Und GOTT liess einen Rizinus wachsen, und dieser wuchs über Jona empor, um seinem Kopf Schatten zu geben und ihn von seinem Unmut zu befreien. Und Jona freute sich sehr über den Rizinus.

Ihr seid, du bist der Rizinusstrauch. Du spendest Jona Schatten. Was siehst Du hier für einen Mann in deinem Schatten sitzen?
(Antworten der Teilnehmenden, Echoing, Interviewing)
Danke, Rizinusstrauch

4,7-11: Als aber am nächsten Tag der Morgen dämmerte, liess Gott einen Wurm kommen, und dieser stach den Rizinus, und er verdorrte. Und als die Sonne aufgegangen war, liess Gott einen sengenden Ostwind kommen, und die Sonne stach Jona auf den Kopf, und er brach zusammen. Da wünschte er zu sterben und sprach: „Besser als mein Leben wäre mein Tod." Gott aber sprach zu Jona: „Ist es recht, dass du des Rizinus wegen zornig bist?" Und er sagte: „Es ist recht, dass ich zornig bin bis auf den Tod!" Da sprach GOTT: „Dir tut es leid um den Rizinus, um den du dich nicht bemüht und den du nicht grossgezogen hast, der in einer Nacht geworden und in einer Nacht zugrunde gegangen ist. Und da sollte es mir nicht leid tun um Ninive, die grosse Stadt, in der über hundertzwanzigtausend Menschen sind, die nicht unterscheiden können zwischen ihrer Rechten und ihrer Linken, und um die vielen Tiere?"

Ihr seid, du bist noch einmal Jona. Was geht Dir durch den Kopf, nachdem Du gehört hast, was Gott zu dir geredet hat?
(Antworten der Teilnehmenden, Echoing, Interviewing)
Danke, Jona.

Menschen von Ninive, Jona, Rizinusstrauch, danke, dass Ihr uns habt teilnehmen lassen an eurer Welt. Wir entlassen Euch jetzt wieder in den Bibeltext und hören/lesen[40] ihn noch einmal ganz. Vielleicht jetzt mit etwas anderen Ohren als vorher.

[40] Es wird empfohlen, den Bibeltext noch einmal zu lesen.

Bibliolog zu Apostelgeschichte 3,1-10: Die Heilung des Gelähmten

Einführung in den Bibeltext

Jesus war gestorben und – so hatten es die Menschen erlebt – auferstanden. In Jerusalem lebte die junge christliche Gemeinde in Gütergemeinschaft zusammen.

Petrus und Johannes, zwei der ehemals engsten Jünger und Freunde von Jesus, waren wichtige Menschen in der Gemeinde, man könnte sagen, die Gemeindeleiter (Pfarrer, Kirchenpfleger), sie wurden sehr verehrt. Petrus und Johannes und die Gemeinde verstanden sich immer noch als Juden, das heisst sie hielten auch die jüdischen Rituale ein, zum Beispiel beteten sie regelmässig im Tempel.

Bibliolog

Apostelgeschichte 3,1-4: Petrus und Johannes nun gingen hinauf in den Tempel zur Zeit des Gebets; es war um die neunte Stunde. Und es wurde ein Mann herbeigetragen, der von Geburt an gelähmt war; den setzte man täglich vor das Tempeltor, welches „das Schöne" genannt wird, damit er die Tempelbesucher um eine Spende bitten konnte. Als der nun Petrus und Johannes sah, wie sie in den Tempel gehen wollten, bat er auch sie um eine Spende. Petrus aber sah ihm in die Augen, und mit Johannes zusammen sagte er: Schau uns an![41]

[41] Alle Bibelstellen zitiert nach Zürcher Bibel, 2007.

Ihr seid, Du bist der gelähmte Mann, nennen wir ihn Markus. Was denkst Du, Markus, als die beiden Männer Petrus und Johannes zu dir sagen: „Schau uns an!“
(Antworten der Teilnehmenden, Echoing, Interviewing)
Danke, Markus.

3,5-6: Er sah sie an in der Erwartung, eine Spende von ihnen zu bekommen. Petrus aber sagte: „Silber und Gold besitze ich nicht; was ich aber habe, das gebe ich dir: Im Namen Jesu Christi des Nazareners, steh auf und zeig, dass du gehen kannst!“

Du bist noch einmal Markus. Was denkst Du jetzt, als Petrus zu dir sagt, du sollst aufstehen, wo du doch gelähmt bist?
(Antworten der Teilnehmenden, Echoing, Interviewing)
Danke, Markus.

3,7-9: Und er ergriff ihn bei der rechten Hand und richtete ihn auf; und auf der Stelle wurden seine Füsse und Knöchel fest, und er sprang auf, stellte sich auf die Füsse und konnte gehen; und er ging mit ihnen in den Tempel hinein, lief hin und her, sprang in die Höhe und lobte Gott. Und das ganze Volk sah ihn umhergehen und Gott loben.

Du bist Shoshana, eine Frau, die auch in den Tempel gekommen ist, um zu beten. Du siehst den, der vorher noch gelähmt am Tor sass, umherspringen und Gott loben. Was denkst Du dir dabei?
(Antworten der Teilnehmenden, Echoing, Interviewing)
Danke, Shoshana.

3,10: Die Menschen erkannten aber in ihm den, der sonst beim Schönen Tor des Tempels sass und um Spenden bat; und sie waren erschrocken und entsetzt über das, was ihm widerfahren war.

Markus und Shoshana, danke, dass Ihr uns habt teilnehmen lassen an eurer Welt. Wir entlassen Euch jetzt wieder in den Bibeltext und hören/lesen[42] ihn noch einmal ganz. Vielleicht jetzt mit etwas anderen Ohren als vorher.

[42] Es wird empfohlen, den Bibeltext noch einmal zu lesen.

Bibliolog zu Psalm 137: An den Strömen Babels

Einführung in den Bibeltext

Wir schreiben den Anfang des 6. Jahrhunderts vor Christus. Ein grosses Reich im Osten von Israel breitet sich immer mehr aus: Babylonien, das Land, das eigentlich zwischen den beiden Flüssen Euphrat und Tigris liegt, deshalb wird es später auch „Zweistromland“ oder „Mesopotamien“ (dt.: „zwischen den Flüssen“) genannt. Die babylonischen Krieger stehen bald auch vor den Toren Jerusalems. Tod und Zerstörung begleiten sie auf ihrem Feldzug. Aber nicht nur. Die Babylonier wissen, dass es in den umliegenden Völkern viele Menschen mit Fähigkeiten gibt, die ihnen nützlich sein können. Deswegen bringen sie die Menschen nicht einfach um, sondern sie nehmen die Oberschicht der unterworfenen Völker gefangen und entführen sie nach Babylon. Oberschicht, das heisst in dieser Zeit gut ausgebildete Handwerker oder Menschen, die lesen und schreiben können oder natürlich auch wohlhabende Grundbesitzer. Das passiert auch den Israeliten. Man schätzt, dass im Jahr 586 vor Christus ca. 3000 Menschen aus Israel weggebracht wurden. Erst 50 Jahr später durften die Israeliten wieder nach Hause. In Babylonien geht es ihnen eigentlich nicht so schlecht. Von Sklavenarbeit hören wir in Babylonien nichts. Einzelne Israeliten bringen es sogar zu höheren Ämtern am Hof von König Nebukadnezar. Trotzdem ist klar, dass das „babylonische Exil“ für die Juden eine grosse Katastrophe ist. Ihre Heimat ist zerstört, viele Menschen sind ums Leben gekommen. Sie haben vor allem Angst, dass sich ihre Religion in der Fremde verlieren könnte. Ihre Priester betonen die Wichtigkeit der Thora, ihrer religiösen Gesetze, und dass man sie unbedingt einhalten müsse. Grundsätzlich verbieten die

Babylonier den Israeliten auch nicht das Festhalten an ihrer Religion. Und es entsteht eine eigene Poesie, ein literarischer Umgang mit den Erfahrungen in der Fremde. Am bekanntesten sind vielleicht die „Klagelieder des Propheten Jeremia“, die in Babylonien entstanden sind. Aber es gibt auch bei den Psalmen Texte, die hier entstanden sind. Der bekannteste ist Thema dieses Bibliologs: Psalm 137. Es wird angenommen, dass Jeremia auch der Verfasser dieses Psalms war.[43]
Zunächst möchte ich einige Personen vorstellen. Im Bibeltext selber kommen nämlich keine Personen vor, deshalb kommen fiktive Personen zu Wort, die es aber durchaus so gegeben haben könnte.

1. Shulamit:
Ein alte Frau, deren Mann beim anstrengendem Marsch nach Babylonien ums Leben gekommen ist. Er war Baumeister am Jerusalemer Tempel, ein guter Handwerker. Mit zwei kleinen Kindern kam sie als junge Frau allein in Babylonien an. Dort konnte man nichts mit ihr anfangen. Eigentlich war ja ihr Mann interessant. Sie lebt von der Hand in den Mund und hat ihre Kinder unter grössten Entbehrungen allein aufgezogen. Sie hält eisern an der jüdischen Religion fest, in der sie ihre Heimat findet.

2. Amos:
Enkel von Shulamit, 13 Jahre alt. Sein Vater ist als Handwerker am Hof des Königs Nebukadnezar zu bescheidenem Wohlstand gekommen. Er ist in Babylon zu Hause, hat babylonische Freunde, kennt die Geschichten seiner Grossmutter, kann sich aber unter Jerusalem nichts vorstellen. Am Judentum hält er seiner Grossmutter zuliebe fest.

[43] Siehe http://de.wikipedia.org/wiki/Psalm_137

3. Nitschi:
Babylonische Nachbarin von Shulamit, ähnlich alt wie sie. Sie ist mit Shulamit befreundet.

4. Schadrach:
Mann von Nitschi. Er war als junger Mann als Hauptmann des Königs Nebukadnezar bei der Deportation der Juden aus Israel beteiligt und war so lange im Dienste des Königs, bis es altershalber nicht mehr möglich war.

Wir lesen/hören jetzt den Bibeltext, einen Psalm, der vielleicht in der Zeit des Exils entstanden ist, den die Juden sicher aber später immer wieder gebetet haben, um sich zu erinnern, wie es ihnen in der Fremde ging.

Bibliolog

Psalm 137,1-4: An den Strömen Babels, da sassen wir und weinten, als wir an Zion[44] dachten. Unsere Leiern hängten wir an die Weiden im Land. Denn dort verlangten, die uns gefangen hielten, Lieder von uns, und die uns quälten, Freudengesänge: „Singt uns fröhliche Zionslieder!" Wie könnten wir Gottes Lieder singen auf fremdem Boden?[45]

Ihr seid, du bist Shulamit. Manches Mal bist du mit deinen jüdischen Freundinnen unten am Tigris gesessen, hast traurig ins Wasser gestarrt und dir vorgestellt, wie es jetzt wohl in Jerusalem aussieht. Wie geht es dir nach fast 40 Jahren Leben in der Fremde?

---

[44] „Zion" ist der Hügel, auf dem Jerusalem steht, und wird gleichbedeutend verwendet mit „Jerusalem".
[45] Alle Bibelstellen zitiert nach Zürcher Bibel, 2007.

(Antworten der Teilnehmenden, Echoing, Interviewing)
Danke, Shulamit.

Psalm 137,5-6: Wenn ich dich vergesse, Jerusalem, soll meine Rechte verdorren. Meine Zunge soll an meinem Gaumen kleben, wenn ich deiner nicht mehr gedenke, wenn Jerusalem nicht mehr zählt als die höchste meiner Freuden.

Ihr seid, du bist Amos. Du hörst immer wieder die Geschichten deiner Grossmutter von Jerusalem, wie schön es dort war, wie gut es ihr dort ging. Du fühlst dich wohl in Babylon, hast gute Freunde. Wie geht es dir damit, dass viele Israeliten den alten Geschichten so nachhängen?
(Antworten der Teilnehmenden, Echoing, Interviewing)
Danke, Amos.

Psalm 137,7: Den Tag der Eroberung Jerusalems, Gott, rechne den Babyloniern an, die sprachen: „Nieder, nieder mit ihr bis auf den Grund.“

Ihr seid, du bist Shadrach. Du warst als Hauptmann dabei, als Jerusalem geschleift wurde. Du bist als junger Mann im Triumphzug in Babylon einmarschiert. Was geht in dir vor, wenn du nach fast 40 Jahren diese alten Geschichten hörst?
(Antworten der Teilnehmenden, Echoing, Interviewing)
Danke, Shadrach.

Psalm 137,8-9: Tochter Babel, der Vernichtung geweiht, wohl dem, der dir die Untat heimzahlt, die du an uns getan hast. Wohl dem, der deine Kinder packt und am Felsen zerschmettert.

Ihr seid, du bist Nitschi. Du erlebst als Babylonierin die unglaubliche Wut der Israeliten auch nach fast zwei Generationen, die den Babyloniern alles Böse wünschen. Wie ist das für Dich, die Du mit Shulamit gute nachbarschaftliche Beziehungen pflegst?
(Antworten der Teilnehmenden, Echoing, Interviewing)
Danke, Nitschi.

Shulamit, Amos, Shadrach und Nitschi, danke, dass Ihr uns habt teilnehmen lassen an eurer Welt. Wir entlassen Euch wieder in eure Zeit und hören/lesen[46] den ganzen Bibeltext noch einmal. Vielleicht jetzt mit etwas anderen Ohren als vorher.

[46] Es wird empfohlen, den Bibeltext noch einmal zu lesen.

Danksagung

Ein herzliches Dankeschön geht an meine Frau Stefanie Eitel für ihr akribisches Korrekturlesen und ihre konstruktive Kritik in inhaltlichen Fragen.

Printed by Books on Demand GmbH, Norderstedt / Germany